人生を半分あきらめて生きる

彦

GS
幻冬舎新書
264

プロローグ

人生は、小さな「あきらめ」の積み重ね

生きるとは、小さな「あきらめ」を積み重ねていくことです。

仕事も、恋愛も、結婚も、子育ても、夫婦関係も介護も、「こうしたい」「こうあればいいのに」といくら思っていても、どうにもならないことばかり。そのどうにもならない現実を前に、私たちはそれをただ少しずつ受け入れ、あきらめていくことしかできません。

人間は、子どもから大人になっていく過程で、否応なく、人生とは、いくら「こうしたい」と思っていても、叶《かな》わないことだらけであることを知らしめられます。

エリザベス・キューブラー・ロスがかつて「喪失」について語った言葉を真似して言えば、

「人生はあきらめであり、あきらめこそが人生である」

「あきらめは人生でもっとも苦しいレッスンのひとつである」

「人はあきらめなくしては成長できない」

というのが、人生の真実なのです。

人生は、あきらめの連続である――この厳しい現実を受け入れていくことが、大人になるためには、必要です。

大人であれば誰しも、どうしてもあきらめたくなかった大切なことを、いくつも、歯を食いしばりながら、あきらめてきたはずです。誰の心の中にも、大切な何かをあきらめざるをえなかったがゆえに、ポッカリと空いた「穴」がいくつも残っているはずです。

だから、**さみしくない大人なんて、誰もいない、**のです。

「あきらめない」「がんばる」と聞くと憂うつになる人が増えている

しかも、私たちが生きているこの社会は、成長が止まったばかりか、一年でGDPが1割も減少し、人口も減少していく「大縮小時代」です。この時代に、「どんな人生も自己選択可能」という嘘ではないけれど実現困難な甘い言葉に踊らされてはなりません。いたずらに希望や欲望を膨らませていくだけです。必要なのは、むしろ、身の丈にあわせて、欲望のスリム化、欲望のダイエット化をはかっていくことです。近年、若者、特に男性の物欲の低下、恋愛意欲の低下や、草食化がしばしば指摘されますが、これは、見方を変えれば、縮みゆく社会への彼らなりの適応行動なのかもしれません。

こうした時代の中、私のところに相談に見える方の中には、本文でも触れますが、「あきらめない」とか、「がんばれ」「元気になろう」といった中身の空っぽなポジティブ言葉を耳にするとつらくなる、もういやだ、という方が少なくありません。

「あきらめちゃだめ」「がんばろう」「元気に」という言葉を聞くと、何となく、気持ちがへこんでくる。こうした言葉の空回りの背景から、その空虚さばかりが忍び寄ってきて、何だか気持ちがディプレッシブ（うつ）になってくる、というのです。

皇居の周りを毎日、マラソンを続けている人を見る度に、「この人たち、走るのをやめたら、その瞬間に壊れてしまうのではないか」と胸が苦しくなる、と言った方もいました。私にもわかります。「あきらめないで」のかけ声も、皇居のマラソンも、それをやめたらぽっかりと穴を空けてその空虚さを露呈させてしまう「心の穴」にフタをしているようにしか思えないからです。

私自身も、前向きな言葉をやたらと使う人の傍にいると、その人の目が死んでいることに気づくことがあります。言っている話は前向きなのに、からだ全体が発している雰囲気は、空虚なのです。

この生きづらい時代に、私たちに必要なのは、むしろ、人生を「少しずつ、少しずつ、じょうずにあきらめていく」知恵と工夫です。

この時代に、「がんばれば、できるよ」「あきらめちゃだめ」といった内容空疎で乱暴なポジティブ言葉の乱発は、他人も自分も追い込むだけです。

「ネガティブなつぶやき」の分かち合いが、安心感と生きるエネルギーに

むしろ今私たちに必要なのは、生きていて、思うようにいかない毎日の生活の中で自然と生まれてくるネガティブ言葉のつぶやきを、お互いに聴き合い、分かち合っていくことです。

「ま、いいか」
「仕方ないよ」
「もう、だめかも」
「だめなら、だめでいい」

「あきらめるしか、ないか」
「やるだけのことは、やったね」
「今、できることを、やっていくだけ」

そんな言葉を自分自身でつぶやいたり、仲間とかけ合ったりしていくことです。すると、不思議と安心感が生まれてきます。そしてそこで生まれた「安心感」が支えとなって、人はようやく少しずつ、自分にふりかかった過酷な現実と向き合うことができるようになっていくのです。

人生に対する「小さなあきらめ」をじょうずに重ねていく。無理がないように、無理がないように、過酷な現実を受け入れていく。そんな工夫が必要です。

人生は、「あきらめざるをえない苦しみ」の連続

「どうしても、この人と結婚したい」
「どうしても、この仕事に就きたい」
「どうしても、この学校に受かりたい」
「どうしても、これを手に入れたい」

「どうしても、あの人の愛を手に入れたい」

「どうしても、うちの子をあの学校に入れたい」

誰でも、人生で何度か、そんな命がけの思いを抱いたことがあるはずです。

しかし、現実は過酷です。多くの人は、「これだけはどうしても」「これだけはあきらめられない」と思っていたことが実現せず、あきらめていかざるをえません。

そして、「理想」や「目標」の高い人であればあるほど、努力家であればあるほど、「いくらがんばってもあきらめざるをえない」というこの苦しみは強烈な痛みと苦しみを伴うものになります。**まじめで向上心の強い人にとって、「あきらめないでがんばる」ことよりも、「あきらめたくないことを、あきらめる」ほうが、はるかにつらく苦しい**ことなのです。

一番苦しいのは、「頭ではあきらめなくてはとわかっているけど、あきらめきれない」「いくらもうあきらめようと思っても、あきらめきれない」状態で硬直し停止したまま、何年も過ごさざるをえないときです。心身は次第に疲弊し、追い込まれていきます。

「どうして……。いったいどうしてだめなの？」

そんな嘆きとうめきを天にぶつけながら、ただ七転八倒し続けるしかない。内臓がひきちぎられるような痛みを抱え、その痛みを抑えようと、爪で胸を掻《か》きむしり、何時間も倒れたまま……涙を流しながら……。

大半の人は何度か、そんな思いをしたことがあるでしょう。

私自身も、そうでした。そんな思いを何年もし続けたことがあります。

どうしても叶えたい思いが叶わず、あきらめるにあきらめられなくて苦しみ悶《もだ》え続け、「もういっそ、この思いが叶えられないなら、死んでしまおうか……」

そんなところまで追いつめられたこともあります。結局、勇気がなくて自死はできませんでしたが……。

「何かをあきらめる苦しみ」は、時に人の心を回復不可能なほど深く傷つけ、心の病を発症させ、死に追い込みます。何かを「あきらめざるをえないのに、あきらめられない」のは、それほどまでにつらく、苦しいことです。特に、それまでの人生で、自分が心からほしいと思ったものの大半が手に入ってきた「幸運な人生」を歩んできた人ほど、何かをあきらめざるをえなくなったときの心の痛手は大きいものです。

私は、心からほしいと思ったものを、何一つあきらめずに、人生の途中まで過ごしてきました。そんな私にとって「どうしても必要な何か」を失わざるをえなくなったときの痛みと苦しみは耐え難いほどのものでした。それは、毎日何時間でも倒れたまま、ただ、のたうち回るほどの苦しみでした。

私の人生は、そんなつらく苦しく孤独な「あきらめ」を抱えた人生です。奇跡的な出来事でも起きない限り、これから先も、ずっとそうなのでしょう。

そして、心の底から言いますが、「それでいい！」のです。「あきらめようにも、あきらめられない苦しみ」「あきらめてしまったら、全人生が終わってしまうかのような苦しみ」の中で、私の心身は大きな傷を負い破壊されましたが、たましいの深いところは、深く満たされてきたからです。のたうち回るほどの苦しみの中にあってこそ、たましいの深いところが満たされたのです。

私は、まったく後悔していません。しかし反面、**「あきらめの悪さ」のために人生が、どれほどつらく、苦渋に満ちたものになったか、わかりません。もっとうまくあきらめることさえできれば、生きるのがどれほど楽になっただろうと思います。**

そして、これほど追い込まれ続けながらも、私が何とか社会生活を送ることができてきたのは、もちろん私を支えてくれた多くの方のおかげ（感謝しています！）でもありますが、心理療法家という私の仕事が、ある著名な先生の言葉をお借りすれば「半病人・半健康人」でなくては務まらない、という特殊な仕事であったからでしょう。この意味でも、私がここまで生きながらえてきたのは、多大な幸運に恵まれてのことです。

何とか、生きしのいでいくために

心理カウンセラー（心理療法家）の私は、本書で、このつらく苦しい**「あきらめ」の方法**について語りたいと思います。大切なものをあきらめるのが苦しいのは仕方ないとしても、病気になったり、命を断ったりすることなく、生き続けてほしいからです。

これからの厳しい時代、ますます多くの人が夢や豊かさをあきらめ、愛をあきらめ、孤独に生きていかざるをえなくなります。社会の無縁化はますます進行し、ひとり孤独にマンションの一室で誰にも知られることなく死を迎える人も、さらに増えるでしょう。

本書で私は、そんなつらく厳しい時代にあって、それでも人生に絶望しきったり、大きな心の傷を抱えたりすることなく、いや、たとえあなたがすでに心を病んでしまっているとしても、その**苦しみを抱えながら、「何とか死ぬことなく、生きしのいでいくための、具体的な方法」と「生き方」**を示したいと思います。

「あきらめること」は、「がんばること」より、はるかに難しい

この人生、**「努力すれば報われる」などというのは真っ赤なウソで、いくらがんばっても、何ともならないことだらけ**です。多くの人の人生は、仕事も、お金も、恋も、結婚も、友人関係も、子育ても、思い通りにならないことばかりです。老いや病や突然の死も、ある時、否応なく襲ってきます。そして年を重ねれば重ねるほど、また人生のある時点で一挙に、この「思い通りにならないこと」は増えていきます。それが、ふつうの人のふつうの人生です。多くの人は、顔では笑っていても、心のうちでは、何か「思い通りにならないこと」の一つや二つは抱えていて、その思い通りにならない現実を「ま、いっか」とあきらめ、割り切りながら生きているものです。

そんな、思い通りにならないことだらけの人生を、何とか生きしのいでいくためには、「がんばること」「あきらめないこと」ばかりでなく、それと同等か、ある意味ではそれ以上に、「じょうずにあきらめること」が重要になってきます。それは、**「人生は、真っ白ではなく、といって真っ黒でもない、濁りきったグレーなもの」であるということを受け入れていく**喪の作業です。この「人生のさまざまな可能性を少しずつあきらめ、現実を受け入れていく力」なしでは、厳しい現実を生きしのいでいくことはできないのです。

にもかかわらず、「がんばること」「あきらめないこと」の重要性はしばしば説かれても、「あきらめること」の大切さは、あまり説かれることがありません。あきらかに過小評価されています。

そして、そのためか、私のもとに相談に見えられる方の多くも、「がんばれないこと」ではなく、それ以上に、人生のさまざまな可能性を「あきらめられない」ことに苦しみ、悶々《もんもん》としながら、日々を送っています。何かを求めて、「もっともっと」と向上心を持って生きてきた多くの人にとって、「あきらめること」は、しばしば「あきらめないこと」よりはるかに難しいことであり、受け入れがたい苦痛を伴うものだからです。「まぁ、いいか」「仕方ないか」と深くあきらめることができれば、フワーッと安心感が広がっていくのに、「あきらめてはだめだ」「もっとがんばらなくては」という思いを手放せないために、「どうしてだめなんだ」と自分を責めたり、「何とかしなくては」と焦りや不安ばかりが募っていくのです。

そこで求められるのは、**「じょうずにあきらめる」知恵と工夫**です。「いくら努力しても、何ともならない」という「人生の厳しい現実」を、最初は自分から切り離して、見ないようにしたり、考えないようにしたり工夫して、少しずつ少しずつ受け入れていく。そして、

人生の大半を占める「どうしようもないこと」「なるようにしか、ならないこと」を少しずつ、少しずつ、じょうずにあきらめながら、心のいちばん深いところだけはしっかり満たされた生き方を心得る。さまざまな困難に直面しながら、何とか、幸福な人生を手に入れている人の多くは、いろいろなことをじょうずに「あきらめたり」「手放したり」しながら、人生の本当に大切なこと、たましいのいちばん深いところだけは、しっかりと満たし続ける。そんな智慧《ちえ》と工夫を身につけているものです。

じょうずにあきらめる力

私たち心理カウンセラー（心理療法家）の仕事の一つは、悩んでいる人が「努力しても、何ともならない」という「過酷な現実」に、少しずつ向き合い、人生を、少しずつ、少しずつ「あきらめていく」そのプロセスをうまく支えていくことです。

いきなり過酷な現実に直面させるのではなく、その現実や、自分の中にある「割り切れない気持ち」を、少しの間、自分から切り離しておいて、「見ないように」「考えないように」する工夫をいっしょに考えて、そしてできるだけ、**「とりあえず、今、できること」に集中する。**心をひどく傷つけたり、人生に絶望したりすることなく、無理がないように、自分にやさしい仕方で、安心感を抱きながら、「小さく、じょうずに、人生をあきらめていく」。カウンセラーは、相談に来られた方のそんな「あきらめる作業」をサポートしていくのです。

本書を読み進まれていくうちに、「ま、いっか」と何度もつぶやきながら、いろんなことをあきらめていけるような気持ちになったり、自分を取り巻く厳しい現実を「それでも、いっか」「そんなもんか」と、安心して受け入れていくような力を得ていただければ、幸いです。

読んだ後に、私のカウンセリングを5回くらい受けたような気持ちになれる、そんな本を目指しています。

人生を半分あきらめて生きる／目次

第六章 「子育ては、なるようにしか、ならない」と、あきらめる

図版作成　ホリウチミホ

第一章

「縮小社会」を生き抜くための「半分、あきらめる力」

「不安」と「あきらめ」の時代

心理学の大学教員兼心理カウンセラーという職業柄、私は、じつにさまざまな立場の、さまざまな年齢の方と話をします。

しかし、職業や立場や年齢にかかわりなく、多くの方が口にするのは、「これから自分の人生、どうなっちゃうか不安で仕方がない」、という言葉です。

そして、もしあなたが、そんな不安を抱いておられるとしたら……あなたは、まともな神経の持ち主です。まともな神経の持ち主であれば、誰もが自分の将来に不安を抱かざるをえない。そんな時代を私たちは生きているからです。

なぜ、不安なのか。

不安の種はいくらでもあります。

自分の住んでいる場所で大震災が起きたら、人生は、突然終わってしまうかもしれない。しかもその可能性は、4年以内に7割とも言われている。

これまで貯めてきたお金が、もしかすると今年中にも（5年以内には5割の確率で）、国家の財政破綻《はたん》で突然、ただの紙切れになってしまうかもしれない。

日本は今後10年で急激に貧困化し、東京をはじめとした多くの都市はスラム街化するかもしれない。

すると、日本の学校も病院も半減し、鉄道の多くは廃線となり、日本人の生活の質は急低下せざるをえないだろう。

若い人なら、こう思うでしょう。

「自分の適性にあった仕事」「ほんとうにしたい仕事」には、いくらねばっても、一生就けないかもしれない。

したくもない仕事をただ生活費のためだけに何十年も続けて、人生の大半の時間をそれに費やし、いつの間にか、老いていく。そんな人生は送りたくない。

いや、それ以前に、正規社員には、一生なれないかもしれない。年収400万円以上には、死ぬまでなれないかもしれない。

どんなに結婚したくても、経済的にも心理的にも安定を与えてくれる「いい人」とは一生出会えないかもしれない。

まわりを見ても、うまくいっている夫婦はとても少ない。結婚したとしても、いつ、終わりが来るかわからない。

すると、60歳をすぎても、ずっとひとりで、70歳になり、最期は、ゴミ溜めのような部屋の中で、ひとりで息をひきとることになるのかもしれない。

孤独死はいやだ。でも、たいして愛してもいない人と結婚して、ひたすら我慢の連続のような人生を送るのも、いやだ。でも、孤独死は避けたい……。家族はほしい。

孤独か、我慢か、どちらをとるか。どちらもいやだ。いったい、どうすれば……。


こうした不安を、誰もが感じざるをえない。そんな時代を私たちは生きているのです。

幸福になれる人はごく少数しかいないとわかっている「無力社会」

これからの生き方を考える上で、私たちが今、生きている社会が、次の4つの特質を持つ社会であることを踏まえておく必要があると思います。

① 人口減のため、**得られる豊かさの総量が減っていく「縮小社会」**であること
② **大震災や、国家の財政破綻など、突然のハプニングによって、**個々人がこれまで長年

かけて努力してきた蓄積が、**一挙に無に帰する可能性の高い「無力社会」**（「何をしても、だめだ、こりゃ社会」）であること

③にもかかわらず、生き方の多様性＝「選べる人生コースの選択肢の幅」はきわめて広く、仕事や結婚をはじめとして「自分がどんな人生を選ぶか」が絶えず問われ続け、**自分の人生の幸・不幸のすべては「自分の選択の結果」にかかっているかのように思いこまされる「自己責任社会」**であること

④これら3点による帰結として、「誰もがどんな人生でも選ぶことができる」が、豊かさの総量の減少により「幸福になれる選択対象を手にすることができる人はごく一部の少数者に限られ」、にもかかわらず、個々人が絶えず「私の選択が誤っていたのではないか」**「私が今、不幸なのは、私の選択の誤りによるものであり、結局私が悪いのだ」という思いを募らさざるをえない「自己選択不全によるうつ社会」**であること

要するに、仕事にしろ、結婚にしろ「あなたはどんな人生を選んでもいいんだよ」「自由だよ」と言われ、そのため「想像上の欲望」（もしかしたらこんな人生を歩めるかも!?）は無限大に広がり、しかしいくら賢明に選択しても、その欲望を満たしてくれる対

象のパイは最初からごく少数に限られており、結果、多くの人が満足感を得られず、しかも「満足感を得られないのは、自分の選択の誤りのためだ」と自分を責め、鬱々とならざるをえないシステムの中で私たちは生きているわけです。

こんな時代を生き抜いていき、しかも、死の間際に、「私は幸せだった」と心の底から思えるような人生を送るためには、ほんとうの意味でクレバー（賢明）であることが必要です。

すべてが縮んでいく社会の中で

いくら懸命に働いても、給与が増えないばかりか、年金さえ、まともにもらえない社会。

いくら我慢して貯蓄しても、数年後には日本が財政破綻して、お金の価値がゼロになっているかもしれない社会。

どれほどがんばって婚活し、ほぼ望み通りの結婚ができたとしても、自分が幸福になるとは確信できない社会。

それは、成長し拡大するどころか、すべてが縮んでいく「縮小社会」です。

実際、昨年一年で日本のＧＤＰは１割ほど減ってしまった！　のです。

一年で1割ですよ、1割。かなりな縮み具合です。ということは、10年経《た》てば、日本はなくなってしまう……そんなこと、ないか（笑）。

しかし、おそらく世界史的にも類を見ない、厳しい時代を私たちが生きていることだけは、たしかです。

若い方と話をしていると口をそろえて、「努力したところで、その見返りがあるようには思えない」「確かなものなど、何一つない」と言います。

現代はまた、「迷いの多い時代」でもあり「選択することの難しい時代」でもあります。

30代半ばの独身女性、香織さん（仮名）は言います。

「結婚しても、私のまわりに、幸せそうな人が、あまりいないんですよね。かといって、ずっと一人はさみしいし、何かあったときのことを思うと、不安になってしまいます。仕事一筋で生きてきた上の人を見ても、とても幸せそうには思えないし……。でも、結婚して子どもを産んじゃったら、ただ子育てに追われるだけの人生になってしまいそうだし。結婚してもしなくても、どんな人生を選んだところで、結局後で後悔することに変わりはないんじゃないか。そう思ってしまうんですよね」

香織さんが、特別なわけではありません。誰もが「こう生きればいいんだ」という確信を持つことができない。そんな仕組みの中で私たちは生きているのです。

現実に目隠しをして、心を麻痺させていなければ、この時代に確かな希望を抱いて生きていくことなど、不可能なのかもしれません。

心が麻痺していない人であれば、「これから自分の人生、どうなっちゃうか」不安になるのが、当然なのです。

「あきらめる力」が求められる時代

もう少し、社会についての話を続けましょう。

多くの人が予感しているように、これからは、厳しい時代がやってきます。

人口減の日本社会の向かう方向は、間違いなく「縮小社会」です。

20年後、30年後の東京は、高齢者ばかりの、薄汚れた、活気のない都市と化していくでしょう。地方都市も同様です。

20年後になって夢から覚めた後のようにわかるでしょうが、実は、今はまだ、私たちはバブルの最中にいます。**今が、バブルの終わり**なのです。最後の、狂い咲きの数年が、2010年代前半です。

これから5年の間に、満足のいく収入を得られる「仕事」に就くことができる人の割合は、急激に減っていくでしょう。ましてや、生きがいのある仕事で、それなりの収入が得られて安定した仕事に就くことは、自分にしかできない能力を磨いた者だけが手にすることのできる希少なケースとなっていくはずです。

そして、ということは、経済的な「安定」を与えてくれる「条件のいい結婚」を手にすることのできる女性も、限られてくるということです。

最近の若者は結婚しない、結婚どころか恋愛すらしない、とか、20歳も上の男性と「年の差婚」などする、と週刊誌は、興味本位で書きたてていますが、もしかするとこれは、これから来る「縮小社会」を予感した今の若者たちなりの「適応行動」と理解すべきものかもしれません。

いずれにせよ、多くの人が、多くのものを失うでしょう。

仕事も、お金も、家族も、結婚も……。

今まで、私たちが「幸福の前提」と理解していたものの多くが失われていくのです。

現実の厳しさは、私たちがそれに適応する生き方を求めてきます。

人生は、予想以上に短いかもしれない。

「自分の適性にあった仕事」「ほんとうにしたい仕事」には一生就けないかもしれない。

いまあるお金は、すべて国家の破綻で失われるかもしれない。

東京をはじめとした多くの都市はスラム街化するかもしれない。

どんなに結婚したくても、「いい人」とは一生出会えないかもしれない。

結婚したとしても、いつ、別れが来るかわからない。

これだけのリスクにさらされた時代を生き抜いていくうえで問われるのは、私たち、一人ひとりの「人生のものさし」です。

どんな時代がこようと、どんな社会になろうと、「自分なりの幸福のものさし」を持ち、自分で「自分」を守ることのできる人だけが、心の深いところが満たされた人生を生きていくことができるでしょう。

逆に、「自分の外」に「何かを求める」生き方しかできない人は、社会が縮小していくとともに、自分自身も弱体化していかざるをえません。

そこで本書が提示するのが「人生を半分あきらめる」という生き方です。


「もっとがんばれる」と思うんだけど——向上心をあきらめる

「あの人より、上に行ける」と思うんだけど——人と自分を比べるのをあきらめる

「親の期待に応えなくては」と思うんですけど——親の期待に応えるのをあきらめる
「いつまでも若くいたい」と思うんですけど——少しずつ老い、若さ、美しさを失っていく現実を受け入れ、あきらめる
「結婚も、仕事も、すべて完璧にできる人になりたいんですけど」——パーフェクトな自分をあきらめる

そんな「あきらめる力」が求められているのです。

「あきらめる」のは、あくまで「半分」

ただし「あきらめる」のは、あくまで「半分」です。「すべてをあきらめましょう。手放すのです」などという、悟りめいたことは、決して言いません。そうした「すべて手放す」という構えは、それ自体、生身の人間には無理があり、結果的に、かえって余計な執着（例：「あきらめなくてはならない」という執着）を生んでしまうことが多いので、私はあまりオススメしません。

これからの時代、これまで私たちが、「手に入って当然」と思っていた多くのものを積極的にあきらめることができる人、人生を半分、じょうずにあきらめつつ生きていくことができる人だけが――そして、残り半分で、こだわるべきことに徹底的にこだわり、譲れないところは決して譲ることのない人、そうした「あきらめてよいこと」と「あきらめてはならないこと」の区別ができる賢明な人、そうしたものさしを「自分の内」に持っている人だけが――心の満足を得られる時代になっていくでしょう。

逆に、ただ漫然と、「豊かになりたい」「幸せになりたい」と、受け身的な姿勢で、自分を時代や社会に委《ゆだ》ねて生きている人は、大きな喪失感ばかり抱いて日々を過ごすことにならざるをえないでしょう。

私たちの目前に迫っている社会は、そのような、あまりにも過酷な社会なのです。

「社会や時代に自分を委ねて、手に入れたいものが手に入らなかったら不満を垂れるだけの、依存的な人」「自分の外に何かを求めてばかりの人」が不幸に陥ることは、不可避です。

社会がどうなろうと、時代がどうなろうと、年収が300万円になろうと、1000万円になろうと、変わらない「何か」を「自分の内側」で保つことができる人だけが、そうした外的な条件に左右されずに――もちろん、多少は左右されても、慌てふためくことなしに――ほんものの心の充足を手にすることができるのです。

そのとき、問われるのは、**「あなたが何者なのか」**という、その一点です。

「自分は、ほんとうは何を求めている人間なのか」「自分の心の深いところが満たされるためには、何が不可欠なのか」それを時代や社会や外的条件に左右されず、直観的にわかっている人だけが、真の意味で生き残れる時代になってきます。

逆に、さまざまなことに迷ってばかりの人は、これまで以上に幸福が逃げていくでしょう。

なぜならば、これからくる時代は、ある意味では、これまで以上に多くの生き方の選択肢が提示されながら――たとえば、結婚のかたち一つとってみても、結婚するか、しないか、しないとしても事実婚をするのか、恋愛にとどまるのか、といった――非常に幅の広い選択肢にさらされながら、満足のいく選択対象を手にすることができる人は、ほんのごく一握りの人だけ、という時代になってくるからです。

「人生の長期的展望」は危険

先に私は、現代社会は、大震災や、国家の財政破綻など、突然のハプニングによって、これまで長年かけて努力してきた蓄積が、一挙に無に帰する可能性の高い「無力社会」

（「何をしても、だめだ、こりゃ社会」）であると言いました。

これは言い換えると、**「極度に予測不可能性＝不確実性の高い社会」**であるということです。このような社会、**このような時代を生きる場合に、長期的な人生展望を持つことは、無益であるばかりか、危険でさえ、あります。**いつ、突然、何が起こって、人生計画の修正を余儀なくされるか、わからないからです。この時代、社会は、すべてが縮小していく「縮小社会」であり、同時にまた、何が起こるかわからない「不確実性の高い社会」であるのです。

「まじめにがんばっていれば報われて、すべてがそれなりにうまくいき、それなりの幸福が手に入る社会」ではありません。「何となく幸せになりたい」「できるだけ多くのものを手に入れたい」といった姿勢で生きていたのでは、挫折し、絶えず不満を抱いた人生を送ることを余儀なくされてしまいます。

すべてが縮んでいく「縮小社会」では、これまで当たり前の人が、当たり前のように手に入れてきた多くのことをあきらめざるをえなくなってきます。

自分が本当にしたい仕事に就くことも、幼いころからの夢を叶えることも、満足のいく結婚も、専業主婦になることも、ごく稀《まれ》な恵まれた人にしか実現不可能なことになってくるでしょう。

仕事全体のパイが減ってくるために、満足のいく収入を得る仕事に就くことができる人は少なくなってくるでしょう。個性を生かした仕事とか、幼いころからの夢を叶えるといったことは、ごく稀な、才能や幸運に恵まれた人にだけ可能なことになるでしょう。その結果、結婚できる人、特に結婚できる男性は少なくなってくるはずです。女性も、結婚したとしても共働きが当たり前で、専業主婦になることは、きわめて贅沢なこととみなされるようになるでしょう。

「縮小社会・日本」に生きることは、私たちに、「欲望の縮小」を求めてきます。

では「欲望を縮小する」ことが、より不幸な人生を導くのかと言えば、必ずしもそうではありません。「欲望を縮小しても、確実に、心を深く満たしていく人生」を生きていくことは可能です。

私は、そのための生きる智慧として、次の2点をあげたいと思います。

①長期的な人生計画を立てるのをやめること

「とりあえず、1年」、長くても「3年から5年」のスパンでものごとを考えていくことです。

いつ何が起こるかわからない、不確かな社会では、長期的な人生計画はしばしば徒労に終わってしまいます。

②「本当にしたいこと、どうしてもしたいこと」と、「どうしてもしたいのか、よくわからない程度のこと」の区別を見極めていくこと

つまり、自分にとって「不可欠な、絶対的な価値があるもの」と、「相対的な価値しか持っていないもの」を区別する目を持つこと。

そして、「どうしてもしたいかどうか、よくわからない」「自分にとって不可欠なものかどうか、よくわからない」（相対的な価値しか持っていない）ことは、できるだけ、あきらめていくことです。

人生の7割を占める「本当に、自分に必要かどうか、よくわからない」こと、あきらめきれることは、みずから積極的にあきらめていくのが賢明です。

そして、残り3割の、「自分の心の深いところが満たされた人生を生きていくためには、どうしても必要なこと、不可欠なこと」を区別し、見極めていくのです。

このあまりにも先の読めない時代を生きていくには、

「とりあえず1年」

「さしあたりもう1年」

と、1年単位でものを考え、様子見をしながら、生き延びていくほかありません。

長期的な人生展望が無駄だと理解しつつ生きるということは、言い換えれば、「人生を長期的に、半分、あきらめて生きていく」ことです。

人生を、半分、あきらめて生きる。

人生の7割を占める半ばどうでもよいこと、「どうしてもしたいのかどうかわからないこと」は、少しずつ少しずつ、あきらめていき、心のダイエットをしたうえで、残り3割の「深く満たされた人生を生きていくには、どうしても必要なこと」にだけ、こだわって、本気で生きる。

それが、この時代を生き延びていく一つの智慧でしょう。

人生を、5割から7割、あきらめることで、「それでもどうしてもこだわりたい、残り」が見えてきます。

この時代の中で、100パーセント真っ白な幸福を目指すのは、嘘くさい。

ポジティブ・シンキングは、空々しくてついていけない、という人が増えています。しかし逆に、「人生に生きる価値などない」と強がって開き直るだけでも、あまり現実的な生きる指針とはなりません。

この時代にあって必要なのは、社会全体に広がる「あきらめとうつ」の中に「小さな希望」を見出《みいだ》し、紡ぎながら生きていくことです。

先の見えない「闇」の中に、微《かす》かな真実の「光」を見出す姿勢。

豊かな老後も、絵に描いたような幸福もあきらめながら、心の深いところはしっかり満たされている。

そんな、「あきらめの時代」にあっても、なお実現可能な新たな幸福の在り方を、現代人の多くが抱えている悩みや不全感について考えていく中で、探っていきましょう。

第二章

「あきらめる」ことができると、人は、はじめて安心できる

「あきらめるな」「がんばれ」は、もううんざり

私のまわりには、

「あきらめるな」

「がんばれ」

「元気になろう」

こんな言葉が大嫌い、という人が、少なくありません。

「あきらめるな」とか「がんばれ」とか、人から励まされたり、檄《げき》を飛ばされたりするのは、もう、うんざりだ。こんな言葉を聞くと、逆に、疲れてしまう。

そういう人が、少なくないのです。

そうした人は、けっして怠け者なのではありません。

努力をしたくないわけでもない。

「人生の夢や目標」だって、自分なりには、きちんと持っている。

「まだまだがんばりたい」という思いもある。

誰より「もうちょっとがんばりたい」「あきらめたくない」という思いを抱いているの

は、自分自身なのです。

だからこそ、ほかの人から、「もっとがんばれ」「あきらめるな」などと軽く言われると、気が滅入《めい》ってしまうのです。

特に、思うような就職ができずに苦しんでいたり、結婚したくて婚活に励んでもなかなか結婚できない若者は、周囲の人から気軽に「がんばれ」「あきらめるな」と言われると気が滅入る、とこぼします。

なんど転職してもうまくいかず、いつまでも就活の延長のような人生を送っている人や、いくら婚活してがんばっても、なかなかうまくいかず、疲れ果ててしまっている人が、少なくありません。

「終わらない就活」

「終わらない婚活」

そんな言葉が胸に突き刺さります。

それなのに周囲の人から「まだ、あきらめないで」「もっとがんばれ」などと言われると、辟易《へきえき》してしまうのです。

子育てのことで、周囲からあれこれ言われて、「もう放っておいてくれ」と思っている方も、少なくないでしょう。

「ま、いいか」「仕方ない」と「あきらめられる」と、ホッとする

そんなとき、必要なのは、「ま、いっか」「あきらめちゃっても、いいかもな」「たとえ結婚できなくても（あるいは就職できなかったり、仕事で失敗したりしても）死ぬわけじゃないし」と思えることです。

「ま、いいか」

「だいじょうぶ。死ぬわけじゃない」

「あきらめ……ちゃうかな。もう……」

そんな言葉を、自分の中で、つぶやきながら、毎日を何とかしのいで生きている方も、おられるはずです。

そして、それでいいのです。

「ま、いいか」

「あきらめても、いいかな」

そう思えると、どこか、ホッとするものです。

あなたにも、そんなことがありませんか。

私にも、もちろん、あります。

というか、毎日が、そんなつぶやきの連続です。

「これ以上、がんばるって、どうすればいいんだ。できることはもう、みんなやっている」

そんな思いを抱きながら、それでも、「なかなかうまくいかないこと」をたくさん抱えながら生きています。

そして、「うまくいかないこと」にぶつかる度に、

「まぁ、仕方ない」

「やるだけのことはやった」

「できることをしていくしかない」

そんな言葉で、自分をいたわりながら、日々をしのいで、生きています。

なぜ、こんな言葉が必要なのでしょうか。

「あきらめても、いい」と思えると、私たちは、はじめて「安心」できるからです。

「自己責任」の呪縛から自分を解き放つ

実際、毎日、限界まで、がんばっています、この私。

今だって、これを書いているのは2012年の1月1日です。

お正月返上で原稿を書いています。

これ以上、「もっとがんばれ」と神様から言われても、「いや、ちょっと、勘弁して」と言いたくなるのが、私の本音です。

そうしなければならないほど、仕事をため込んでしまった自分の責任と言えば、たしかに自分の責任です。

正月返上で原稿を書いているのは、「仕事の引き受けすぎだ」とか、「自己管理ができていない」とか、「そうなったのは、あなたの自己責任だ」などと、言いたくなる人もおられることでしょう。もちろんそうだと言えば、そうです。

しかし私は、こう、つぶやき返したくなります。

「仕方ないだろ。勢いで引き受けちゃったんだから……」と。

そう、仕事を引き受ける時は、ほとんど「勢い」です。

そして、仕事も「勢い」ならば、結婚でも、恋愛でも、何でも「えい、やー！」と「勢い」なしで始めることなんて、とてもできないのではないでしょうか。

こんなとき、大切なのは、「この仕事を引き受けちゃったのは（あるいは『あの人と結婚しちゃったのは』『あんなひどい男とつきあっちゃったのは』）、私自身の責任（自己責任）だ。自分で選んだことだから……」などと考えて、自分を責めないようにすることです。

私は、この「自己責任」という言葉、そしてその背景にある新自由主義的な、人を突き放した冷たい考えが大嫌いです。

この「自己責任」という考えこそ、無用な苦しみを生み出す諸悪の源です。

私やあなたが、つい仕事を引き受けすぎて自分を追い込んだり、だめな相手と恋愛したり結婚したりしてしまうのは（あるいは、いつまでも結婚せずにいるのは）、8割方、「運と勢い」によるものです。

あるいは、「仕事ができない人間はだめ人間」「結婚できない人は、半人前」といった、「思い込み」のせいであり、また、「年収が高い人が社会でランクの高い人」「年収が低いと結婚してもらえない」「35までに結婚しないと負け組だ」「40歳すぎると、結婚市場での価値が落ちる」といった、「世間の風潮」によるものです。

けっして、あなた自身の自己責任の問題では、ありません。いや、2〜3割は、あなた自身の選択の問題かもしれませんが（笑）、あとは「運と勢い」によるものです。

そして「勢い」なくしては、何事も始まりはしないのです。

決して、自分を責めすぎないようにしましょう。

「割り切れない気持ち」を置いておく

けれど、そうは言っても、「でも、なんだかんだ言っても、やっぱり私が悪いんじゃ……？」「なんでもっとこうできなかったんだろう……」といった「割り切れない気持ち」を抱くこともあるでしょう。

そんなときは、その「割り切れない気持ち」を、ちょっと自分から切り離しましょう。

そして、少し脇に置いておくようにしましょう。

「とりあえずは、ここに置いておこう」「しばらくは、見ないようにしよう」と、その気持ちの置き場所を定めて、しばらくの間、自分から切り離して、自分は「できるだけ、何も考えず」に、「とりあえず、今、できること」をやっていくようにするのです。

臨床心理学ではこうやって、自分の問題や否定的な感情と、自分自身を分けて、距離を保つことを「脱同一化」と言い、気持ちの置き場所を設ける技法を「クリアリング・ア・スペース」と言います。そうした自分の問題や気持ちと正面から取り組むのではなくて、それをとりあえず、さしあたり「脇に置いておいて」「考えるのをやめて」、無理なく今、「できること」をやっていく。そうやって、今のつらい状況を何とか、しのいでいくのがお勧めの方法です。

この「脱同一化」こそ、「自分の中のイヤな気持ち」とうまくつきあっていくための「最強の心理技法」です。その具体的な方法について本書でくり返し説明していきます。

自分の中のイヤな気持ちとうまく「距離」をとる（脱同一化する）のは難しいこともあります。そんなときは、もっと原初的な方法である、「スプリッティング」（分離・切断）でもかまいません。とにかく「自分の問題」や「自分を責めてしまう気持ち」などを（それと向き合って、考えようなどとせず）、とりあえず自分から切り離して、脇に置いておく。そして「ま、いいか」「仕方ないか」とあきらめて、「今、さしあたり、できること」をしていく。

そうやって、つらい毎日を何とかしのぐ方法を、学んでいただきたいのです。

あきらめることができると、心のエネルギーが戻ってくる

「ま、いいか」

「仕方ないか」

「あきらめても、いいか……」

そう何度か、自分の中でつぶやいてみましょう。

そして、もしできることならば、あなたの近くにいる誰かに、

「ま、いいんじゃない」

「仕方ないよ」

「やるだけのことはやったよ」

隣で何度かつぶやいてもらいましょう。

何だか、ホッとしませんか？　少し、安心しませんか？

この「あきらめ」の境地、「できることはやった。仕方ない」と、自分を許す境地こそ、私たちの「心の基地」と言えるものです。

「あきらめる」ことができ、「自分を許す」ことができると、私たちは、はじめてホッとし、安心することができます。

そして、その「安心」をしばらく味わっていると、ジワーッと、心のエネルギーが戻ってきます。

「もうちょっと、やってみようかな」と思えてくるのです。

大事なのは、「安心」「安全」という「心の基地」を味わえること。そして、そのために、「こんな自分じゃだめだ」とか「もっとがんばらなくては」と、「自分を責める気持ち」や「割り切れない気持ち」がたとえあったとしても、その気持ちを少し自分から切り離して、脇に置いておく姿勢です。「ま、いいか」「とりあえず、これで、仕方ない」と、「あきらめる」姿勢です。

私たちは、何かを、とりあえず「あきらめる」こと、中途半端だったり目標に達しなかったりする「自分を許す」ことによって、はじめて、ホッとして、安心感を得ることができます。そして、このあきらめと、それがもたらす安心感なくては、じょうずに生きしのいでいくことは難しいのです。

じょうずに「自分から逃げる」術をおぼえる

こう書くと、「なんだ、それじゃ、自分から逃げていることにならないですか」と反論する声が聞えてきそうです。

そうです。それでいいのです。つらい時には、「自分から逃げる」ことが大切なのです。「逃げていい」し、「逃げる方法を学んでおく必要がある」のです。

他人から逃げることとは、ある意味、簡単です。しばらく会わないようにする、メールが来ても返事は打たないようにする、など物理的に逃げれば、それですむのです。それでも追ってくるような、空気が読めなさすぎる人がたまにいますが、そんな人には、言葉でしっかりハッキリと、「今は、放っておいてほしいんだ」「自分のことは自分で考えたいから。これまで、ありがとうね」と伝えて、区切りをつけましょう。

やっかいなのは、他人よりも、「自分自身」です。他人とは距離をとれても、自分自身とは、なかなか距離がとれません。

自分自身とは、物理的に距離をとることができない代わりに、心理的な距離をつくっていく必要があります。

仕事で失敗したり、失恋したりした後で、よく一人旅に出る方がいますが、あれは、物理的にいつもの自分とは異なる場所に身を置くことで、自分を追いかけてくる悲しみの感情や自責の念と心理的な距離がとれるようにしようとする、その人なりの「工夫」です。

しかし、いくら旅をしたところで、「そんなんじゃやだめだ」「まだまだだめだ」「もっとがんばらなくては」「あきらめちゃだめだ」と追いかけてきて、自分を責めたてる「もう一人の自分」＝「うちなる自己批判者」がいます。

『新世紀エヴァンゲリオン』の碇《いかり》シンジくんではありませんが、「逃げちゃだめだ。逃げちゃだめだ」と、自分を追い込んできて「自分にダメ出しする自分」が、私たちの心の内には、存在しています。

私たち日本人の多くが、この「あきらめてはいけない教」、「がんばり教」、「あきらめずに努力すれば何とかなる教」の信者になっています。そうした観念によって、自分を追いつめてしまっているのです。

その結果、いつも「がんばれない自分はだめだ」と自分を責めたり、「もっとがんばっているように見える他人」と自分を比べて焦ったり、「私は周囲から取り残されているのではないか」と不安に駆られたりしてしまうのです。

こうした「うちなる批判者」＝「まだあきらめるな」と「自分にダメ出しして自分を追い込んでくる自分」からどう距離をとるか、一時的にであれ、どう逃げるかを学んでおくことが、安心感のある人生を生きていくためには必要です。

逃げてはだめなのではありません。逃げる術《すべ》を学んでおく必要があるのです。「自分を追い込んでくる自分」や「自分に襲いかかってくる否定的な感情」をうまくすかしたり、かわしたり、距離をとったり、そうした気持ちを「置いておくための場所」をつくっておく工夫をしたりして、しばらくは、そんな自分から、うまく距離をとって逃げる術を学んでおくことが大切なのです。

いつも自分自身と闘ってばかりいては、心がエネルギー不足になってしまいます。自分自身から一時的に逃げて、心の基地で休むことをおぼえましょう。それができるようになると、そのうち、「じゃ、もうちょっとやるか！」という心のエネルギーを取り戻すことができるのです。

少しずつ、じょうずに、あきらめる

「人生を半分、あきらめる」という言葉を聞いて、「本当にあきらめちゃっていいのか」という気持ちになった方もいるでしょう。

もちろん、あきらめていいのです。というより、じょうずに、少しずつ、細かく、あきらめる術をおぼえたほうがいいのです。

人生、思い通りにならないことばかりです。思いもかけなかったことが、たくさん起こります。

「憧れの会社に正規社員として採用された。これで定年まで安心だ」と思っていたら、入社して数年も経たないうちに、その会社の業績が急に傾きはじめ、突然リストラされる、なんてこともじゅうぶんにありえます。

「二人の愛は永遠だ」と信じて結婚したら、結婚後半年経った頃からパートナーが突然キレるようになり、思いもかけず、離婚してしまった、ということもあるでしょう。

「美しすぎる妻」（ハンサムすぎる夫）と思って結婚したのに、20年後には、同じ人とは思えない容姿になり、鬼嫁（加齢臭だけのオヤジ）に成り下がってしまうということもあるでしょう。

そう、すべては、変わっていくのです。

だからといって、「すべては変わっていくものなのです。さぁ、手放しましょう」などと言われても、心から、そんな現実を受け入れることはなかなか難しいでしょう。

執着するのが、人間の本性だからです。

変わりゆく過酷な現実のすべてをあるがままに受け入れることができるとしたら、それはすでに「悟り」の境地です。

人生の現実は、時として、私たちの思いを大きく裏切って進んでいきます。

その過酷な現実を一挙に受け入れることは、並の人間には、とうてい不可能です。もし、私たちが、人生のすべてを本当にあきらめ尽くすことができれば、もう怖いものなんかないでしょう。

すべては変化し、積み上げたもののすべてはいずれ、壊れていく。――そんなことは理屈で一般論としてはわかっていても、自分の人生の現実として、それを受け入れていくことは、ほんとうに苦しいことです。厳しすぎる現実に直面すれば、常人であれば、うつ病にでもなるのが、当たり前です。

では、思い通りにならない人生の現実に直面したときには、どうすればいいのでしょう。

まずは、その現実やあまりにもつらい気持ちを、自分から切り離す。そして、ちょっと脇に置いておいて、しばらくは見ないように、考えないようにしておき、時間の経過とともに、少しずつ、少しずつ、受け入れていく。そんな「小さなあきらめ」を、心のダメージを最小限に食い止めるように、少しずつ、少しずつ、重ねていくのです。

カウンセラーの仕事は、じょうずに「あきらめていく」お手伝い

私たち、カウンセラーや心理療法家の仕事の一つは、相談に来られた方が、人生に対するそんな「小さなあきらめ」を安全に心に大きな傷が残らないように重ねていく「人生に対する幻滅とあきらめの過程の援助」だ、と言っていいかもしれません。

大切なのは、あきらめるか、あきらめないか、ではなく、あきらめ方です。心に回復不可能な大きな傷を残すことなく、安心した仕方で、現実を受け止め、あきらめていく。そんな、じょうずなあきらめ方ができるかどうかです。

人生で、人は何度か、大きな心の傷を負ってしまう、つらく、悲しい出来事に出合います。そうした出来事に直面したときに、それを一人で背負い続けるのは、あまりに苦しいことです。

カウンセラーや心理療法家は、そんなとき、その方の傍に寄り添い、安心できる関係を提供します。その安心感に助けられて、相談に来られた方は、少しずつ少しずつ、過酷な現実を受けとめ、人生をあきらめていくのです。つらく苦しい出来事への直面を通して、人生はけっして、真っ白なものではなく、かといって真っ黒でもなく、濁った灰色のものであることを、少しずつ、少しずつ、受け入れていくのです。

あきらめず、希望を捨てないことだけが大切なのではありません。「あきらめないこと」より「じょうずにあきらめること」が、「希望を抱き続けること」より「少しずつ希望を捨てていくこと」が、人生では、しばしば必要となります。カウンセリングや心理療法の中では、このことを、つらい出来事を通して、学んでいくのです。

カウンセラーや心理療法家にできるのは、本人がこの過酷なつらい学びを、少しでも安心できる仕方で行なえるように支えていくこと、そのことだけかも、しれません。

なんだ、カウンセリングとか、心理療法なんて、それだけのものなの？　とがっかりされた方もいるかもしれません。

そう、それだけのものです。それ以上でも、それ以下でもありません。

カウンセリングや心理療法を受けると、悩みが即座に消え去り、心がパッと明るくなって、人生が希望で輝き始める……カウンセリングは、そんな魔法のような方法ではありません。

むしろ、失職とか、離婚とか、失恋とか、そうした人生のつらい出来事に直面したとき、あまりに苦しくて、のたうち回る……そのプロセスにそっと寄り添って、本人が、ときにはその問題や苦しみをちょっと脇に置いて見ないようにしたり、ときにはチラと現実を見て少しずつ受け入れていったり……その「あきらめていく」プロセスに、少しでも楽に、安心して取り組んでいくことができるように、傍で支えてあげることです。

ただそれだけのことですが、実際何かで苦しんでみればわかりますが、苦しいあきらめのプロセスの途上にあるとき、心を込めていっしょにいてくれる人が存在するかしないかでは、あまりに大きな違いがあります。

心理療法家、カール・ユングもこう言っています。

「心理療法の最高の目的は患者をありえない幸福状態に移そうとすることではなく、彼に苦しみに耐えられる強さと哲学的忍耐を可能にさせることである」

（林道義編訳『心理療法論』みすず書房　71頁）

なかなか胸に響く言葉ですね。

第三章　「あきらめる」とは、ものごとを「明らかに見る」こと

「あきらめる」のをあきらめる

人生をじょうずに少しずつあきらめていくことが大切だ、などと言われると、「あきらめなくてはいけないのか。私はまだ、あきらめたくない。いやだ」と思う方もいるでしょう。

そんな方は、無理してあきらめる必要はありません。本書で勧めているのは、修業ではありません。あきらめるのがつらい人は、「あきらめること」をやめましょう。「あきらめる」のを「あきらめる」のです。

要するに、大切なのは、自分の中に生まれるどんな気持ちも、ただそのままに「あぁ、こんな気持ちが、自分の中にあるのだなぁ」と認めていく。自分の中にある気持ちを、それがどんな気持ちであれ、ただそのまま、「こんな気持ちがここにあるなぁ」と認めて、眺めていくような姿勢を保っていく。そんな「自分自身とのつきあい方」を学んでいくことです（「脱同一化」です）。

「あきらめる」への反応で分かれる3つのパターン

では、あなた自身はどうでしょうか。

「人生を半分あきらめて生きる」という本書のタイトルを見て、心の中にどんな反応が生まれてきたでしょうか。

次の3つのパターンが私には想い浮かびます。

ひとつは、先ほどあげた「え……人生を半分あきらめて生きるなんて、それはいやだ」と思われる方です。

こう思われる方は、おそらく、これまで人生がそこそこうまく運んできた方でしょう。仕事とか、恋愛とか、家族とか、自分の未来にまだまだ多くの希望を抱いておられる。そんな方が、「人生を半分、あきらめて生きるのが大切だ」などと言われたら、「それはいやだ。そんなことしたくない」と思うのが自然です。まだ多くの希望を抱いているがゆえに、「あきらめるわけには、いかない」のです。

そして、そんな方は、「あきらめなくて、いい」のです。「あきらめる」のを「あきらめ」ましょう。

2つ目は、おそらく新書の読者に少なくない、教養を身につけて、自分の人生の役に立てようという向上心豊かな努力家の方です。そんな方は、「私はまだあきらめたくない。

理想を高く持って生きていきたい。たしかに、人生の半分は、あきらめだけど……」と心の中でつぶやきを発されたかもしれません。

これまでそれなりに人生の辛酸をなめてきた経験もおありでしょう。

希望の学校に受からなかったとか、希望の職種に就けなかったとか、希望の仕事には就いたけど職場の人間関係がたいへんで泣く泣く退社したとか……。結婚しようと思っていた交際相手に突然ふられたとか、幼少の頃から、家族の人間関係がぎくしゃくしていたという方もおられるでしょう。

「生きるって、子どもの頃に思っていたよりも、ずっとたいへんなものなんだなぁ」

「生きるって、いろんなことを断念して、あきらめて、現実を受け入れていくプロセスだったんだなぁ」

そんなふうに感じている方もいるでしょう。

けれども、理想が高いので、「まだまだあきらめるわけにいかない。こんなんじゃだめだ。今の私のままじゃだめだ。もっと努力しないと」といつも思っているのです。

実は、このタイプの方が、生きるのが、もっともっとつらく苦しくなってしまいがちです。

理想が高いので、絶えず、自分に「もっともっと」と高い要求水準を抱きます。そして、理想の自分と、現実のそうなれない自分を絶えず比べて、「まだ、だめだ」「こんなんじゃだめだ」と自分にダメ出しをして、自己否定の気持ちに苛《さいな》まれてしまいやすいのです。

では、こんな方は、どうすればいいのか。これは、カウンセリングで相談にくる少なからずの方が、このことで苦しんでいる大きな問題ですので、別に新たなチャプター（第五章）を設けて論じることにしましょう。

そして、3つ目のタイプの方――そして、おそらく、この数年で増えているタイプの方は、「人生を半分、あきらめて生きる」という言葉を聞くと、どこかホッとするのを即座に認めることができる方、つまり、この本で提唱している生き方を、すでに実践され始めている方です。

この方も、もちろん人生を完全にあきらめているわけではありません。

向上心だって、ないわけでもない。

「まだまだあきらめるわけにはいかない」という思いもある。

けれど、率直に言って、生きるのに、もうだいぶ、疲れてしまった。

いろんなことがなかなか思うようにいかない。

何度転職しても仕事がうまくいかず、いつまでも就活の延長のような人生を送っている人もいるでしょう。

いくら婚活でがんばっても、なかなかうまくいかず、「もう、結婚しなくても、いいかな」と、思い始めている方もいるでしょう。

けれども周囲からは「あきらめるな」「もっとがんばれ」と言われ続けて、辟易している。

「あきらめるな」

「がんばれ」

「元気になろう」

こういう言葉は、もう、うんざりだ。

聞きたくない。言われたくない。

逆に、「人生を半分、あきらめて生きていいのだ」と言われると、どこか、ホッとする。

こういう方が、今、増えているのではないかと思います。

それでいいのだ、と私は思います。

焦りや不安、自己否定感からの解放

これまで見てきたように、「あきらめる」ことには、さまざまな精神的効用があります。まず、周囲から取り残されてしまうのではないか、という焦りや不安を軽減し、周囲に過剰に自分を合わせる過剰適応から解放し、もっと楽に、自分らしく生きることができるようになります。

私たち日本人は、つい周囲の目を気にして自分が「ふつう」に生きているか、同世代の仲間たちから落伍していないかを気にかけがちです。そうやって、自分を過剰に「ふつう」に合わせていくところがあります。

「同世代の友人と同じくらいの年収を得ているかどうか。あまり低いと、自分は無価値なのではないだろうか」（40歳男性）

「もうすぐ35歳になる。かつての友人たちはみんな結婚して、子どもを産んでいる人も多い。せっかく女として生まれてきたのだからやはり、結婚して子どもを産まないといけないのではないだろうか」（34歳女性）

こんなふうに、私たちはいつも、自分が同世代の日本人の「ふつう」の基準からみて外れていないかどうかを絶えず、気にかけます。

1億3000万の日本人の大半が「ふつう教」の信者です。そして、「ふつう」から外れていないかどうか、遅れていないかどうか、絶えず気にかけ、「もっとがんばらなきゃ」「このままじゃ、たいへんだ」と、漠然とした焦りや不安に駆られつづけてしまうのです。

人生で一番必要な「自分は自分らしくあっていいんだ」という安心感をなかなか得ることができません。

そこで必要となるのは、その「焦り」や「不安」を少しの間自分から切り離して見ないようにし、元気があるときに少しずつ現実をチラと見て、受け入れていく、という「小さなあきらめの技術」です。

「自分は一生、年収500万までいかないのではないか」

「もしかすると、一生、独身かも」

という現実をチラと見て、「ま、いっか」と少しずつ「あきらめていく」のです。といって、もちろん、その人が一生年収500万以下でなくてはならないとか、一生独身でいなくてはならない、ということはありません。人生のベースとして「ま、いっか」と「もしかしての現実」を受け入れ、半分あきらめながら、それでたまに気が乗ってきたら、「ここで一発転職でも！」「久々に合コン！」と、少しだけがんばってみる。そんな生き方のほうが、今後がどうなっても安心して生きていけるための「心の安全弁」となるのです。

「ふつう」という幻想からの脱却

そして、当然ながら、「もしかして、自分は、ふつうより遅れているかも」という不安や焦りの原因である「ふつう」は、単なる幻想にすぎません。

現実には「ふつうの30代女性」も存在しなければ、「ふつうの40代男性」も存在していません。

政府が税制などを決める時にモデルとしている「親二人、子ども二人」という「標準世帯モデル」というのがありますが、あれなどまさに絵空事です。

平成22年の国勢調査の結果によれば、「単独世帯」（一人暮らし世帯）は1678万500世帯で32・4％、「夫婦と子供から成る世帯」は1444万世帯と27・9％で、「単独世帯」のほうが「夫婦と子供から成る世帯」よりも5％近くも多くなっています。今や、「一人暮らし」がこの国のマジョリティなのです。しかも「夫婦と子供から成る世帯」には、もちろん一人っ子の家も含まれるわけで、政府の「標準世帯」という考えが、いかに現実から遊離した「なつかしき幻想」に偏ったものかがよくわかります（しかも標準世帯が税制面で有利になる仕組みはそのままなので、性質《たち》が悪いのです)。

また、別の調査によれば、2030年には、男性の生涯未婚率は29・5%、女性は22・5%になると予想されています(国立社会保障・人口問題研究所編『日本の世帯数の将来推計(全国推計)——2008年3月推計』)。2030年と言えば、あとわずか18年。

大ざっぱに言えば、今、30歳以下の男性の約3人に1人は、人生で1回も結婚しないと予測されているわけです。

こう考えれば、私たちが気にかけている「ふつう」が今や、いかに少数派であるかがわかります。なのに、結婚していない人は、「結婚するのがふつう」と考え、焦りや劣等感を抱きます。一方、結婚しても子どもがいない人は「子どもがいるのがふつう」と焦りますし、一方、子どもがいても、一人しかいない家庭は「一人っ子がかわいそう」「ふつうは二人はいるもの」と、劣等感を抱くのです。実際には、ごく少数しかいない「ふつう」と自分を比べて、焦ったり、不安を抱いたり、劣等感を抱いたりしているのです。もう、こんな無益なことは、やめにしましょう。

いかにしてじょうずに「ふつう」から降りるか、いかにして「ふつう」であることをあきらめ、「ふつうでなくては」という強迫観念から自分を解き放つことができるか、それが現代社会において「自分なりの幸せ」を手にするための決め手なのです。

そう考えると、少し前に話題になった、次のデータは、最近の若者たちが、「ふつう」であることの強迫観念から降りつつあることの証《あかし》であると考えることができるかもしれません。国立社会保障・人口問題研究所が18歳から35歳未満の未婚者約7000人を対象に調査したところ（2010年）、男性の61・4％、女性の49・5％が「交際している異性はいない」と回答し、過去最高を更新したというのです。

若者たちは「結婚しないと」「恋愛くらいしないと」ふつうじゃないかも、という強迫観念から自分を解き放ちつつあります。「ふつう」であることから早めに降りて、「自分なりの幸せ」を求めてよい社会の在り方に、彼は適応しつつあるのです。

特にこの傾向は、男性に顕著です。

卑近な例で恐縮ですが、私の勤務する明治大学の学生たちが、同じ明治大学の学生1、2年生200名を対象に「童貞」に関して2010年に調査したところ、54％と実に半数以上の男子学生が童貞であることがわかりました。しかも、「童貞に対するイメージ」を明大の男子学生を対象に調べたところ、「純粋」26％、「真面目」18％、「かわいい」11％と、過半数の男子学生が、童貞に対して肯定的なイメージを抱いていたのです。

私の印象に残っているのは、この調査をしたグループの発表の時の明るい雰囲気です。リーダーの学生が「僕はもちろん童貞です。あなたは童貞ですか？」と問いかけたところ、「はーい」と多くの学生がいっせいに手をあげたのです。

何と、自由な！

学生や若者たちと接していて感じるのは、恋愛とか、結婚とか、子育てとか、私的な事柄について、旧世代基準の「ふつう」を求められることへの強い拒否感です。特に男性にこの感覚は強い。これを新しい時代への「適応力」と見るならば、いまだに「標準世帯イメージ」や「専業主婦」への憧れが強く、「経済的豊かさと安定」を求めて「年の差婚」に走ったりする女性たちは、男性に比べて、適応が遅れていると見ることもできます。

いずれにせよ、多様性をそのまま認める価値観が、若い世代には実感として育ちつつあります。そして多様な価値観を求めることのできる社会こそ、本当の意味で成熟した社会です。

「結婚くらいしないと」「恋愛くらいしないと」と「ふつう」を求めてくる大人の声には、「放っといてくれ！」と言いたくなるのが若い世代の本音でしょう。

健全です。放っときましょう。

それに比べると、「夫婦と子ども二人」の「標準世帯」を税制面で優遇するという国の発想の何と不健全なことか。もしあなたのお子さんが「結婚したほうが税金で有利になるから結婚することにした」と言ってきたら、あなたはどう思いますか。もちろん私は反対します。税負担の軽減ための結婚とは、あまりに不純ではないでしょうか。

少々脱線しました。話を本筋に戻しましょう。

「ふつうの仕事」「ふつうの収入」「ふつうの結婚」「ふつうの恋愛」「ふつうの家族」といった「ふつう」へのとらわれが、「ふつうから落伍したくない」という気持ちが、私たちの中に、無用な焦りや不安を生みます。しかも、今や、かつての感覚での「ふつうの収入＋ふつうの家族」という条件は、ごく一部の人にしか当てはまらないのです。

「ふつう」であることをあきらめることができなければ、私たちの生活に安心感はもたらされません。焦りや不安に絶えず付きまとわれることになります。その意味では、まさに「あきらめる力」が幸せの条件として求められていると言えるでしょう。

「あきらめなくてはならないもの」と「あきらめてはいけないもの」

ここで私が思い出すのが、アルコール依存症者のためのセルフヘルプグループとして知られているＡＡ（アルコホーリクス・アノニマス）でよく用いられている「平安の祈り」という短い詩です。神学者のラインホールド・ニーバーによるものだと言われています。

神様私にお与えください
自分に変えられないものを受け入れる落ち着きを
変えられるものは変えていく勇気を
そして二つのものを見分ける賢さを

「自分に変えられないものを受け入れる落ち着き」「変えられるものは変えていく勇気」そして「二つのものを見分ける賢さ」——これらは、まさに厳しい現代社会を生きる私たちすべてに求められているものではないでしょうか。

「あきらめなくてはいけない現実を静かに受け入れ、あきらめていく落ち着き」「あきらめなくていいものをあきらめずに変えていく勇気」

そして「あきらめなくてはならないもの」と、「あきらめなくていいもの」や「あきらめてはいけないもの」とを「見分ける賢さ」。

この力こそ、現代社会を生きる私たちにまさに求められているものではないでしょうか。

「あきらめる」とは、「ありのままに見て、明らかに見る」こと

ここで、もう一つ、指摘しておかなくてはならないのは、「あきらめる」という言葉には本来、「ものごとの真実の在り様を明らかに見る」という意味がある、ということです。

「あきらめる」には、もともと仏教の用語として、「真理を観察して明らかに見る」という意味があったものが、日本では「明らめる」もしくはその文語として「明きらむ」という使い方がなされるようになったのです。

「あきらめる」という言葉は、現在では、何かへの思いを仕方なしに断念するという消極的な意味で使われていますが、「諦」という漢字は本来、仏教用語で「諦観《たいかん》」「四諦《したい》」などと言われるように、「ものごとを正しく、あるがままに見て明らかにしていく」「明らかに見極める」「つまびらかにする」「明らかにする」「さとる」といった積極的な意味合いの強い言葉であったようです。それが、自分の置かれた現実から目を逸《そ》らさず、つぶさに見ることで、思いを断たざるをえなくなることがしばしばあることから、現在のような意味合いで使われるようになったのです。

すべてのものは変化していきます。

若い時に、どんなに健康で強靭《きょうじん》な肉体を誇った人でも、老いるにしたがって、さまざまな能力が衰え、病を抱えるようになり、やがて死を迎えます。同様に、どんなに美しい女性も、老いて、その美が衰えていくのを避けることはできません。永遠に変わらないものは、何一つないのです。

こうしたものごとの変化をあるがままに見ることが、執着を手放し、思いを断つことにしばしばつながります。

齢《よわい》を重ねるにしたがって、昨日までできていたことが、明日はできなくなることがしばしばあります。私自身も、半年前、電車で本を読んでいたら、30分ほど経ったのち、文字がぼやけてきて、よく見えなくなる、ということがありました。これはたいへんだ、手術でも必要な病気ではないかと思い、慌てて眼科に行き、検査を受けましたが、何のことはないただの年齢相応（48歳）の老眼ということでした。まだまだ若いつもりだったので、裸眼で活字を追えなくなるという体験はかなりショックでしたが、その現実は受け入れざるをえません。

つまり、老眼という自分の身に起きた現実の変化を「明らかに見る」ことで、いつまでも裸眼で活字を追っていたいという「思い」を断たざるをえなくなったわけです。

本来、ものごとを「明らかに見る」「見極める」という意味のあった「あきらめる」という言葉は、こうしておのずと「思いを断念する」という意味でも使われるようになったのでしょう。すべては変化し永遠に変わらないものは何一つないことから、ものごとを明らかに見ることとは、それに対する思いを断たざるをえなくなることにつながるのです。

「あきらめる」とは、ものごとを明らかに見て、つねに変化していく自然に従っていく、という生きる姿勢を指す言葉なのです。

第四章 「自分は、明日、死ぬかもしれない」と、あきらめる

人はみな、間もなく、死ぬ

「あきらめる」とは、「ものごとを明らかに見る」ことであり、すべてが変化していくという真理をあるがままに見て受け入れ、それに従っていくことであることを先に確認しました。

私たち人間が、「明らかに見る」ことで、自らの在り方を見つめていかなくてはならない最も厳粛な事実とは、「そのうち、みな、死んでいく」「この私も、いずれ死ぬ」「しかも、その死は、もしかすると、唐突に、明日訪れるかもしれない」という事実でしょう。

3・11大震災以降、この国に住むまともな感受性を持つ人間は皆つねに、「私たちの命は、いつ、突然、奪われてしまうかもしれない」という、そこはかとない恐怖を感じながら生きています。

首都圏直下型の大震災も、いつ起きても、おかしくありません。先日発表された「4年以内に7割」という数字は、私にとっても衝撃でした。ほぼ間違いなく、大地震は来る。しかも間もなく。そうわかりながら私たちは日々を暮らしているのです。

あなたの人生は（そしてもちろん私の人生も）、明日、突然終わってしまうかもしれない。

この事実を私たちは厳粛に受け止めるべきです。

明日、というのが、多少極端だとしても、これから1年のうちに、震災が来るかもしれないと考えることは、決して荒唐無稽なことではないでしょう。

そして、死んでしまえば、当然のことですが、今持っている感覚器官を備え、五感を感じることのできる「私」は、永遠に消滅してしまいます。

その瞬間、「私」は、二度と呼吸をすることができなくなります。

何かを見ることも、何かを聞くことも、触ることも、匂うことも、味わうことも……一切、しかもずっと、できなくなるのです。

何かを感じることも、何かを考えることも、すべて、二度と、できなくなるのです。

永遠に。

そればかりではありません。「これが私だ」とか「私は私だ」と確認する自己意識そのものを二度と持てなくなります。

「死」について私たちは、自分のお葬式のシーンなどを思い浮かべて、天の上から「誰が俺の葬式に、来てくれているのかなぁ」などと地上を覗《のぞ》き見るようなシーンを思い浮かべます。

しかし、「死」とは、そのような、呑気《のんき》なものではありません。

天の上から地上を覗くことができないばかりか、そもそも自分が死んだことすら、意識できなくなります。「私」が「私」である、と意識することすら、できなくなってしまうのです。

禅では、今・この瞬間にすべての意識を集中します。そのため、「死は存在しない」ということもあります。これはもちろん、「人は死なない」などと言っているわけではありません。むしろその逆です。

「自分の死」を人は、体験することすら、できません。「死の瞬間」を味わうことすら、できません。

その意味で、「人生に死は存在しない」と言っているのです。

仏教では、「不生不滅」と言って、「この私」は、もともと生まれてもいないのだから、死ぬこともない、と考えます。

極端に言えば、「生きている」というのは、ほんの一瞬の錯覚のようなものです。人はみな、例外なく、いずれ、間もなく、死ぬ。そして死んでしまえば、自己意識そのものがなくなるのだから、自分が生きていたことすら、二度と、永遠に思い出すことができなくなってしまいます。

この冷厳な事実を私たちは、「あきらめ」て、「明らかに、見」なくてはなりません。

死にゆく過程の五段階

エリザベス・キューブラー・ロスという方をご存じでしょうか。

死のプロセスを説いた世界的ベストセラー『死ぬ瞬間』の著者です（ロスの著作の中で私自身が最も好きな本、お勧めの本は『人生は廻る輪のように』『ライフ・レッスン』の2冊です）。

ロスは、末期患者にインタビューし、〝死にゆく人の心の物語〟を徹底して聴いていきました。その結果、末期患者がその終末期に体験する心のプロセスを、次の五段階にまとめています。

第一段階　「否認と孤立」

これは、文字通り、自分が死ぬという事実を認めたくない、否定したい、という段階です。

いずれ自分も死ぬ。このことを私たちは、もちろん〝知って〟います。頭では理解しているのです。しかし、いざそれが現実になると、それを直視するのは容易ではありません。ほかの誰かではなく、ほかならない〝この私〟が現に死につつあること。このことを簡単に受け止めることができるほど、人間は強くありません。

したがって誰もが、その事実を認めまいとするのです。人によっては、たとえば胃がんの末期患者の方が、自分のがんを写したエックス線写真について、「そのエックス線写真は、私のものではない。ほかの誰かのものと間違えている」と考えることもあります。

わかりますね……。認めたくない気持ち。

第二段階　「怒り」

自分がほんとうに死んでしまうのだ、という、認めずにすむのならば認めたくない事実を、いよいよ認めざるをえなくなったとき、人は、「やり場のない怒り」に襲われます。

なぜこの私が死ななくては、ならないのか。他の人はまだ生きているのに――。このような、やるせない気持ちが、「怒り」となって爆発するのです。見舞いに来てくれる家族に、そして担当の医者や看護師に、この「怒り」はぶつけられます。

第三段階　「取り引き」

自分の死を直視し始めた人が行なう、最後の悪あがきです。つまり、避けることのできない「この私の死」を少しでも先に延ばそうと、神様に頼み込み、交渉し始めるのです。「せめて、この本を書きおわるまで、待っていてほしい」「せめて、もう一度だけ、～させてほしい」と頼みごとをするのです。

第四段階　「抑うつ」

死への抵抗を一通りやりおえた後に、いよいよ襲ってくる絶望的な感情です。症状から来るからだの痛み。手術に伴う苦痛や治療の副作用。体力の衰え。家族にかけてしまう多大な迷惑。経済的な損失。社会的な活動からの退却……。

死において、人は、あまりに多くのものを「喪失」します。

こうしたさまざまな「喪失」が、人を、抑鬱的な感情へと打ちのめします。

第五段階「受容」

この段階では、もはや人は、「自分が死ぬ」という運命と闘おうとしません。また逆に、恐怖に戦《おのの》いたり、絶望したりもしません。それは、「長い旅路の最後の休息」とでも呼ぶのが相応《ふさわ》しい、静かで安らかな気持ちです。

以上がキューブラー・ロスの説く「死にゆく過程の五段階」です。

自分が死に瀕した状態に至ったことのない人でも、読んだだけで、なるほど、とうなずける説得力があります。

また、一言で「死を受け入れる」などと言っても、それがそう簡単なことではないことがわかります。

人は、自分の死を、認めまい、認めたくない、とあがいて、もがいて、苦しんで……そうやって、やっとのところで、自分の死を受け入れていくのです。

死は、壮絶な闘いです。

「喪失」を通して学ぶ「ライフ・レッスン」

この五段階は、ロス自身が言うように、「死」についてだけでなく、愛する人と別れる、仕事を解雇される、大きなケガをする、従順だった子どもが反抗期に入り親の言うことを聞いてくれなくなる、離婚する、といった、自分にとって「大切なもの」を失う「すべての喪失」に当てはまるものです。

そして、この、のたうち回るほどの、苦しい「喪失」を通して、人は、大切な何かを学ぶのです。

ロスは言います。

「われわれのほとんどは、人生が喪失であり、喪失が人生であることを理解せずに、喪失に抵抗し、それと格闘しようとする。喪失は人生でもっとも苦しいレッスンのひとつではあるが、人は喪失なくしては成長できず、喪失なくして人生を変えることはできない。ユダヤ人の社会に『多くの結婚式で踊る者は多くの喪失で泣く』という古いことわざがあるが、それは多くのはじまりに立ちあう者は多くのおわりにも立ちあうことになるという意味である。友人の数が多ければ、それだけ喪失を味わう機会もふえるのである。もしあなたが喪失の痛手に苦しんでいるとしたら、それは、それだけ豊かに人生の祝福をうけていたからである」

（エリザベス・キューブラー・ロス　上野圭一訳『ライフ・レッスン』角川文庫　114〜115頁）

ここでロスの言う「喪失」は、本書で言う「あきらめ」に重なります。

ロスが「人生は喪失であり、喪失が人生である」「喪失は人生でもっとも苦しいレッスンのひとつである」「人は喪失なくして成長できない」と言うのと同じことが「あきらめ」についても言えます。

「人生はあきらめであり、あきらめこそが人生である」
「あきらめは人生でもっとも苦しいレッスンのひとつである」
「人はあきらめなくしては成長できない」と。

自分にとって何よりも大切なもの――たとえば私の場合で言えば、3年間修行僧のような生活をして計7000枚書いた「納得のいく博士論文」、大学教員の職、魂を刻むようにして（命を削るような思いで）書いてきた幾冊もの本、そして、この人のためなら死んでもかまわないと思える人との愛——命がけで手にしてきたそうした大切なものを、何らかの理由で失わざるをえなくなったときの痛みはとてつもなく大きなものとなります。のたうち回るほどの苦しみを経た末に、私たちはようやく「あきらめ」から学びを得ることができるのです。

それはロスも言うように「人生でもっとも苦しいレッスンのひとつ」なのです。

ロス自身の死の瞬間

話をもとに戻しましょう。

「死の看取りの世界的権威」として知られるキューブラー・ロスですが、彼女自身の死の間際の様子が数年前にＮＨＫで放送され、大きな反響を呼びました。そこに映し出されたのは、私たちが期待する、死を目前にしても落ち着き払った、ターミナル・ケアの先導者としてのエリザベス・キューブラー・ロスではありませんでした。

映像の中のロスは、自分は「愛を受け取ることが苦手で、愛されることが少ない人生を歩んだ」と悲しげな表情で語り、苛立《いらだ》ちを隠せず、新たに生まれた孫の写真を病室に飾っては、時折その写真を眺めるのが最高に幸せなのだと語る一人の生身の人間でした。

実際、ロスの人生はあまりに波乱に満ちたものでした。とてもここでは紹介しきれませんので、くわしく知りたい方はぜひ『人生は廻る輪のように』（角川文庫）をお読みいただきたいのですが、青年期のロスは、実業家だった父親と折り合いが悪く、医師になることも反対され、父から勘当されてからは一人で働きながら大学に通って精神科医となりました。大学で出会った夫と結婚しましたが、世界中を講演で駆け巡る彼女の仕事が忙しくなるにつれて、家族とゆっくり過ごす時間がとれなくなり、本当は愛していた夫との離婚や、最愛の子どもたちとの別離を余儀なくされます。晩年のロスは、脳卒中に倒れ、身体が不自由になります。

テレビに映ったロスの言葉がショッキングだったのは、彼女が、近づいてくる自分自身の死をうまく受け入れられずに苦しみ、まだ自分の人生をじゅうぶんに満喫できていないという無念さを隠そうともしなかったことです。そして、彼女自身常に、人生においてもっとも大切なことは「愛を与えること、愛を受け取ること」と語ってきたにもかかわらず、自分自身の人生では、「愛を人に与えることはできたが、他人や家族からの愛を受け取ることができなかった」という無念さを隠さず、あからさまに言葉にしていたことです。

しかし、息を引き取る瞬間には、愛する子どもたちに手を握られて、３人の親子が一つの環になるような形で亡くなっていったと言います。

ただ、「今・この瞬間」に心を込めて生きること

多くの患者の最期を看取ってきたキューブラー・ロスですが、彼女がその経験から学んできた最大のことは、時間の呪縛から放たれて、「今・この瞬間」に心を込めて本当に生きることだ、と言います。

ロスは、それまでの経験から学んできたことを『ライフ・レッスン』という著作にまとめています。この本で私がもっとも感動した場面は、次のくだりです。

死にゆく人たちが「もう一度だけ星空が見たい」「もう一度、しみじみ海を眺めたい」というのを聞くとき、わたしはいつもハッとさせられる。海のそばに住んでいる人はたくさんいるが、しみじみ海をながめ、海を味わいつくす人はほとんどいない。ほとんどの人は空の下に住んでいながら、星をながめようともしない。わたしたちはほんとうに人生にふれ、味わい、堪能しているだろうか。非凡なものを、とりわけ平凡のなかにある非凡なものを、感知しているだろうか？

（『ライフ・レッスン』角川文庫　364〜365頁）

ハッとさせられる言葉ではないでしょうか。

死にゆく人が語る「もう一度だけ星空が見たい」「もう一度、しみじみ海を眺めたい」という言葉……。

私自身も明日、死ぬとしたら、思うかもしれません。

「もう一度だけ、愛するあの人の、あの瞳を見つめたい」

「もう一度だけ、あの人と、心の底から笑いたい。冗談を言い合いたい」

愛する人といっしょにいても、心を込めて、その一瞬一瞬をすごしていなくては、「本当にいっしょにいた」ことにはなりません。

一番好きなあのレストランのあのメニューを食べても、心を込めて、一口一口食べていなければ、「本当に食べた」ことにはなりません。

3・11の震災の後、余震が続いています。「あと4年以内に、首都圏に7割の確率で大きな地震が来る」という報道があってから、私は、日々、思うようになりました。

「もしかすると、この人と、会うことができるのは、これが最後かもしれない」

「もしかすると、この人の、このつぶらな瞳を見ることができるのは、これが最後かもしれない」

「もしかすると、この店の、このメニューを食べることができるのは、これが最後かもしれない」

「もしかすると、ディズニーランドに来ることができるのは、これが最後かもしれない」

私たち日本人は、「いつ、今日が最後の日になるかもしれない」という運命を共有しているのです。

今の日本は、言わば、「悲しみの共同体」です。そして、私たちはただ「その日」を待つことしか、できません。

私たち、無力な人間にできるのは、ただ一つ、「今日一日が、人生最後の日になるかもしれない」——そんな思いを胸に刻んで、日々の一瞬一瞬に心を込めて生きること、ただそれだけなのです。

毎日寝る前に、自分に問いかけるべきこと

しかし、私たち人間は、本当に忘れやすい生き物です。3・11の大震災が教えてくれた

大切な「教え」を、もう忘れかけてしまっているかもしれません。

私自身は、つい流されてしまいやすい自分を戒めるためにも、そして3・11の震災が教えてくれた大切な教えを胸に刻んでおくためにも、毎日一回、夜寝る前に、自分自身にこう問いかけるようにしています。

「今日、一日を、心を込めて、生きることができただろうか」

「今日という日の、一瞬一瞬を、味わい尽くすように、心を込めて大切に生きることができただろうか」

自分にそう問いかけるようにしているのです。

メキシコには、骸骨の仮面をかぶって踊る「死者の日」という祭りがあります。この祭りに込められているのは、「メメント・モリ（死を忘れるな）」という祈りのメッセージです。

それはまた、「カルペ・ディエム Carpe Diem」、直訳すると「その日をつかめ」「今を楽しめ」という意味を持っています。「死者の日」の祭りは、「今日という日を存分に楽しもう。いずれ死ぬ日がくることを忘れずに」という、人生の真実を年に一度、胸に刻み込むために行なわれるのです。

死を身近に感じることで、私たちは、「今、この瞬間に心を込めて生きること」の大切さを改めてしみじみと実感することができるからです。

また、よく知られているようにインドのガンジス川では、死体が焼かれ、灰が川に流されています。そして、人々はまるでなにごともなかったかのように、そこで沐浴《もくよく》をし、顔を洗い、口をすすぎ、体を清めます。

インドにおいて死は日常的で、身近な存在です。

末期がんの全人的な治療に取り組むホリスティック医療の大家、帯津良一《おびつりょういち》先生とお話ししたとき、多くの人の死を看取ってきた先生にこうたずねてみたことがあります。

「死ぬときにやすらかに死んでいける人と、後悔しながら死んでいく人はどこが違うんでしょうか？」

すると、帯津先生は、こうおっしゃいました。

「自分の人生で、〝し残したこと〟がないかどうかです。やはり、やるべきこと、やりたいと思うことをやりきったと思える人は、とてもいい顔をしてやすらかに死を迎えるように思えます」

キューブラー・ロス博士と帯津先生……「死の看取り」の達人が口をそろえて言うのは、

ことです。

人が死の際に語る言葉は、「あぁ、あれをしておけばよかった」というつぶやきだという

「あぁ、あれをしておけばよかった」というつぶやき……。それが人生への後悔の気持ちを端的に示す言葉だとすれば、その逆は、「私は、もう、し残したことがない。やるべきことは、やり尽くした」と思えることでしょう。

「あぁ、私には、し残したことなんて、もう、何もない」――そう思える生き方は、どのようにすれば、可能なのでしょうか。

その一つの方法は、自分が「明日、死ぬかもしれない」「今日が、人生最後の日かもしれない」という真実を、日々胸に刻みながら生きていくことでしょう。

アメリカの宗教哲学者ポール・ティリッヒは、こう説いています。

「明日、死す者のようにして、生きよ」

You should live, as if you were dying tomorrow.

第五章

「理想の自分になる」ことを、あきらめる

「理想の自分」に追いつけない「現実の自分」を否定する

先に私は、キューブラー・ロスが「喪失」について書いた言葉を、「あきらめ」に置き換えて、こう言いました。

「人生はあきらめであり、あきらめこそが人生である」

「あきらめは人生でもっとも苦しいレッスンのひとつである」

「人はあきらめなくしては成長できない」

では、本書を読んでいるような向上心の強い人が、「もっともあきらめられないもの」が何かと言えば、それは、「自分自身」ではないでしょうか。

人は、自分自身をあきらめるのが、もっともつらいのです。

そして、あきらめられないからこそ、「こんなんじゃ、まだまだ、だめ」「もっともっと、がんばらなきゃ、だめ」と自己否定を重ねていき、さらに自分を追い込んでしまうのです。

向上心が強い、努力家の方は、「あきらめない気持ち」が強すぎるがために、目標に到達できない自分を否定し、自分を追い込み苦しむ「自己否定傾向」が強くなってしまいがちです。

「現実の自分」が「理想の自分」に追いつかないことで、つねに焦り続けてしまうのです。

カウンセリングに来られる方や、心理学を勉強される方にも、同様に、向上心の強い方が少なくありません。そして、もうすでにじゅうぶんにがんばってきたように見える方が、どこまでがんばっても「まだ、だめだ」「もっと、がんばらなくては」「こんな私じゃ、だめ」と自分を責めて、自己否定感を募らせていることが、たいへんに多いのです。

努力家であり、理想が高いことはもちろん悪いわけではありません。

しかし、「がんばり教」「あきらめない教」の信者とでも呼びたくなるような、何のためにがんばっているかわからないけれど、ただやみくもにがんばり、理想に至らずに苦しんでいる人とお会いしていると、「がんばること」「あきらめないこと」を大切にしすぎることの弊害を実感せざるをえません。

思い通りの仕事ができないからと、毎日不全感を抱えている。「自分の今の実力はこんなものか」「とりあえず、これでいいか」と思えない。

思い通りの結婚ができないと、「私の努力が足りないんだ」「自分磨きが足りないんだ」と自分を責めてしまう。

子育てが思い通りにいかないと、「どうして私はもっといい親になれないんだろう」「この子がこうなったのはすべて親である私の責任だ」と自分を責め、意欲を失ってしまう。

「〜できないのは、私のせい」と、いつも原因を自分に見出し（自己責任）、自分を責める自己否定の癖がついてしまっているのです。

「あきらめる」と自己否定の念から解放される

「じょうずにあきらめる」ことを学ぶと、余計なとらわれや、自己否定の念から解放されて、もっと安心して、自分の好きなように、自由に生きていくことができるようになります。

自分の中の無用な「完全主義」や「自分の思い通りにいかないこと」からくる自責の念、自己否定感をやわらげることができます。また、「ふつう」から外れていくことへの不安から解放されて、「安心感のある人生」を送ることができるようになるのです。

人間の心は不思議です。

「小さなあきらめ」をうまく重ねていくことで、より深いところでは「あきらめない生き方」が可能になるのです。

逆に、「あきらめ下手な人」は、いつまで経っても、「こんな仕事しかできない自分」

「こんな年収しか稼げない自分」はだめなのではないか、と自己否定感ばかり募らせていきます。生きる意欲とエネルギーを減退させてしまうのです。

いつまでも「真っ白な理想の人生」「誰から見ても欠点のない人生」にこだわってしまうため、だんだんと精神のエネルギーが衰退していき、「もういいや」と、人生の根本のところで投げやりになってしまいがちです。「理想」にこだわる完全主義の人がうつ病になりやすいのも、いったん理想から外れてしまうと、生きるエネルギーがそがれてしまいやすいからです。

向上心が強い人には、ゴールのない「心の中の階段」がある

理想が高く、向上心が強い方の「自己否定の積み重ね」は、どこまでがんばっても、自分に「そろそろＯＫ」を出せないことで生まれます。

カウンセリングのある学習会に参加された方は、そんな自分の「向上心」と「自己否定の念」の関係について、「階段」の比喩を用いて話をされました。

「私の心の中には、どこまで行っても、上がりきれない階段があるんです。

階段を上がりきったと思ったら、そこにまた、新たな階段があることに気づく。そのこ

てはいけない、まだダメだ、もっとがんばらなくては、と思ってしまうんです……」

向上心が強いまじめな方の心の中には、「どこまで上がっても、上がりきることのできない階段」が存在していることが少なくありません。

もちろん、「心の中の階段」が向上心の象徴である限り、それは一概に否定すべきものではありません。むしろ、「向上心には、終わりがないのだから、上に行ったら、また上がある。階段の上には、階段がある。それでいいではないか」と思う方も少なくないでしょう。

問題は、常に向上心を抱き、「まだだめ」「こんなんじゃ、だめ」と自己否定し続けている人の眼差《まなざ》しが、「いつか、たどりつくことができるはずの、未来の理想の自分」にばかり向けられていることです。

その「未来の自分」の実現のために「今、この瞬間」を犠牲にしてしまっているのです。「未来の自分」のために「今」を犠牲にする。まじめな努力家の方が、つい陥りがちなパターンです。

しかしその「いつか、たどりつくことができるはずの未来」は永遠に来ないかもしれないのです。

自分にも他人にも、ダメ出しばかりしてしまう

「理想の高い人」は、自己否定を重ねるだけではありません。

「こんな自分ではだめだ」と自分にダメ出しするだけでなく、「この人はこんなところがだめだ」と他人の欠点ばかりが見えてしまいます。

しかし、そんな方も決して、自分や他人を否定していこう、自分や人に厳しくあり続けることが大事だ、と思っているわけではありません。

むしろ、多くの人は、「もっと誰のことでも、受け入れることのできる温かい心を持った人になりたい」と望んでいます。「自分のことも、ほかの人のこともあるがままに受け入れることのできる自分になりたい」と、思っているのです。

頭では。

「頭では、そう思っているんです。人のことも自分のこともあるがままに受け入れることのできる人間でありたいって……」そう言う人が、少なくありません。

ある40代前半の女性は言います。

「頭では、本当に、そう思っているんです。でも、つい『何この人ー。人のせいにばかりしちゃって』とか、『私ってほんとうにだめだな』とか、自分や人のことを、つい責めはじめてしまうんです……。そして、そんな自分が姿を現してきていることに気づいたら、『やっぱり私はだめだ。また、自分や他人のことを責めてしまっている。全然、あるがままに、受け入れることなんて、できていない』って、そう思い始めてしまうんです。

……こうやって毎日考えているうちに、自分のことが本当にいやになってしまうんです。こんな私、ほんとうにもう、なんて面倒くさいんだろう……」

何度、カウンセリング・ルームでうかがってきた話でしょう。

「頭では」自分も他人も受け入れたいと思うのに「つい、自分も他人も責めてしまう」。こんなふうに「自己否定の悪循環」に陥って、そこから抜け出ることができなくなって苦しんでいる方が、本当に多いのです。

北海道出身の30代半ばの女性、かなえさん（仮名）もそんな方でした。

自分の中にある「人や自分を責めてしまう自分」の存在について彼女は、語り続けました。「頭では、人や自分を受け入れたいと思っているのに、いつの間にか、つい、自分のことも、人のことも否定しはじめてしまうんです。本当は、自分や人をあるがままに許すことのできる大きなハートのような存在になりたいんです……。でも、そうなれないことが、苦しいんです……。そして、そんな自分が本当にいやになってしまうんです……」

カウンセラー（私）は、彼女の中の二つの部分、「すべてをあるがままに受け入れることのできるハートの部分」と「人や自分をつい責めてしまう部分」という、二つの部分の間の対話を、ロールプレイを行なって促していきました。

まず私が、彼女の中の、「人や自分をつい責めてしまう部分」になって演じてみました。

「だって、ぜんぜんダメじゃん。こんな私。あの人も。ぜんぜんダメ。ダメダメ。ぜんぜん、ダメ」

そんなふうに大きな声で言いながら、ロール（役割）を演じつつ、私はこう質問しました。

「もしあなたが、すべてをあるがままに受け入れることのできる、あなたのハートの部分になったとしたら、何を言いたくなりますか」

彼女は、「ハートの部分」をロールとして演じました。

それは「あるがままに抱き留め、受け入れる自分」であり、「すべてをただそのまま、あるがままに受け入れていくことのできる自分」です。

ハートの部分をロールとして演じながら彼女は、「そんなことできないと思っている自分」や「そんな自分を受け入れるなんてできないと思ってしまう自分」に対しても、ただあるがままに「そうなんだね」と抱き留めていくことができるようになりました。

自分の中にある「自分や他人をつい否定してしまう自分」に対しても、「そんな自分のことを認めるなんて、できないと思っている自分」に対しても、ただ、そのまま、「そうなんだね。わかったよ」と認めて、やさしく抱き留めていくことができたのです。

すると、「こんな私じゃ、だめ」「こんな私は、嫌い」と思っていたときに、いつもわいてきていたイライラした気持ちが、スーッと溶けて消えてなくなっていった、といいます。

「ま、いっか」と、とりあえず問題を見ないようにする

では、こんな「自己否定の気持ち」がどうにも自分から離れない、という人は、どうすればいいのでしょうか。

まずは、「スプリッティング」(分離・切断)です。

「こんな私じゃ、だめ」「こんな私は、嫌い」という気持ちでいっぱいになっているときには、まず、その気持ちを自分から切り離し、可能な限り見ないようにすることです。

「ま、いいか」

「仕方ないか」

「やるだけのことはやった」

「できることをしていくしかない」

そんな言葉を自分の中でつぶやきながら、「自分の問題」や「自分を責めてしまう気持ち」などを（正面から向き合って、考えようなどとせず）、とりあえず、自分から、切り離しておく。

そしてどんな小さなことでもいいので、「今、さしあたり、できること」をしていく。

仕事でも、雑用でもいいので、何か単純な作業に意識を集中させて、ただひたすら、取り組んでいくのです。お皿を洗うとか、掃除をするとかの単純作業がオススメです。

自分を忙しくして、とにかく「目の前の、やるべきこと」に意識を集中させること。それによって、自分の問題や自分の中の「つらい気持ち」から目を逸らし、そこに意識が向かないようにして、何とか毎日をしのいでいくのです。

「自己否定する気持ち」を「ただそのまま、認めて、眺める」（脱同一化）

そして次に、少しだけ、余裕が出てきたときにやはり行なってみてほしいのが、前にも紹介した、「自分のつらい気持ち」とうまくつきあっていくための最強の技法＝「脱同一化」です。

ここでこの「脱同一化」という方法について、少し説明をしましょう。

この方法は、元々、仏教の瞑想法、特にベトナム禅のマインドフルネス瞑想から生まれたものです。自分の中から生まれてくるすべての想念に対して、それがどんなものであれすべて「ただ、そのまま、認めて、眺める」姿勢＝「観」の姿勢を保ち続けることで、どんなにつらく激しい気持ちであれ、それは自分自身とイコールではなく、自分の一部でしかないことを自覚的に体得していく方法です。

たとえば、「こんな私じゃ、だめ」「こんな私は、嫌い」という思いがわいてきたら、「そうなんだね。わかったよ」とただそのまま、認めて、眺める。

そう言われて、「こんな嫌な自分のことを認めるなんて、できない」という気持ちがわいてきたら、その気持ちも、「そうなんだね。わかったよ」と、ただそのまま認めて、眺める。

こうやって、どんな自分が出てきても、「ただそのまま、認めて、眺める」のをただひたすら繰り返していると、このような落ち込む気持ちと、それを眺めている自分とは別であること（脱同一化）、そして眺めている自分こそ自分であり、落ち込んだ気持ちはどれほど強烈であれ、それは自分のごく一部にすぎないことがジワーッと自覚されてきます。するとその気持ちと自分自身とのあいだにおのずと「距離」（空間／スペース）が生まれてくるのです。

この「脱同一化」こそ、つらい気持ちを抱えながらもしのいでいくための、最もシンプルで、最強の心理技法です。

「脱同一化」というのは、「私」が「死にたい気持ち」や「圧倒的な孤独感」や「こんな自分なんか、消えてしまえばいいのに」という気持ちに圧倒され、覆い尽くされ、翻弄されているとき、そのために「私」がそういった否定的な気持ちと「同一化」してしまっているときに、否定的な気持ちから「私」を引き離し、距離をとることです。どんな悩みや苦しみ、否定的な気持ちが生まれてこようと、それと一定の距離をとり続ける「心の姿勢」を保つことです。

自分の内側から、死にたいとか、つらいとか、もうだめだとか、あいつを殺してやりたいとか、一生憎んでやるとか……そんな否定的な気持ちがどれほど出てきたとしても、ただそれを「あぁ、こんな気持ち、ここにあるなぁ」「こういった気持ち、また出てきているなぁ」と、「ただそのまま認めて、眺めていく」のです。

何が出てきても認める。ただそのままに認めて、眺める。解釈したり、いじくったり、考えたりせずに、たとえば死にたい気持ちがわいてきたら、「あぁ、死にたい気持ち、ここにあるなぁ」と、なにかものごとを観察するかのような姿勢で、ただその気持ちの存在を認めて、眺めていく。あるいは、「こんな自分なんか、大嫌いだ、消えてしまえ」という気持ちがわいてきたら、また「あぁ、自分なんか消えてしまえ、という気持ち、ここにあるなぁ」と認めて、眺めていく。ただひたすら、こうした作業を続けていく。それだけの方法です。

なぁんだ、そんなこと、と思われるかもしれません。しかしこれが、やってみると意外に難しく、しかし反復練習して身につけると、ものすごく効果的な方法なのです。

小さな声でいいので、つぶやきながら、言ってみましょう。

「私は私である。私は〝死にたい気持ち〟を持っている。けれど、私は、〝死にたい気持ち〟ではない」

「私はここ。死にたい気持ちはそこ」

「私は私である。私は〝圧倒的な自己否定感〟を持っている。私の中には〝圧倒的な自己否定感〟がある。でも私は、〝自己否定感〟そのものではない」

「私はここ。自己否定はそこ」

いかがでしょう。ぜひ、試してみませんか。

大切なのは、反復練習です。毎日、毎日、家の中でも電車の中でも、思いついたときに、まわりの人に迷惑がかからないような仕方で、くり返し言葉にしてみましょう。すると、いつの間にか、自分の中の否定的な気持ちから、少しずつ、「距離」がとれるようになってきます。反復練習し続けていると、いつの間にか、自分でそうしようとは思わなくとも、ひとりでにそのような心の構えを自然ととるようになってくるのです。

「ダメな自分」を許し合えるつながり

さらに重要なのは、「理想どおりには生きられないダメな自分」を許し合える人との「つながり」の存在です。思うようにいかない毎日の生活の中で自然と生まれてくるネガティブ言葉のつぶやきを、お互いに聴き合い、分かち合っていくことです。

あなたの近くにいる誰かと、

「ま、いいか」

「仕方ないよ」

「やるだけのことはやったよ」

何度か、となりで、つぶやき合いましょう。

この「できることはやった。仕方ない」と、許し合える「つながり」こそ、私たちの「心の安心基地」と言えるものです。

お互いに許し合えると、私たちは、はじめてホッとし、安心することができます。

そして、その「安心」をしばらく味わっていると、ジワーッと、心のエネルギーが戻ってきます。

「もうちょっと、やってみようかな」と思えてくるのです。

何はともあれ、大事なのは、「安心」「安全」を感じられる誰かとの「つながり」という「心の安全基地」を持つことです。

そのつながりに支えられてこそ、「ま、いっか」「仕方ないか」と、安心して思うことができるようになるのです。

第六章　「子育ては、なるようにしか、ならない」と、あきらめる

子どもよりも、親がさみしい

「子どもよりも、親が大事」とは、たしか、太宰治の小説『桜桃』での名セリフです。

私は、教育関係のカウンセラーをしてきてもう25年ほど経ちますが、子育てで悩み、苦しみ、疲れきった親御さんの顔を見ていて、ふとこの言葉を思い出します。

「子どもよりも、親が大事」と思いたい……。

何人もの親御さんが次のように言います。

「子どものことで、相談に行くと、みんな子どもの立場に立って、いろいろとアドバイスをしてくれます。でも、私自身のつらさはわかってもらえなくて……。『でも、お母さんでしょ』『お母さんがしっかりしなきゃ、どうするんですか』――いつも最後は、そう説教されて、つらくなってしまうんです……」

「うちの子は、『お母さんはわかってくれない』とよく言います。けれどその度に『わかってほしいのは、私のほうだ』って思うんです。こんなこと、考えてはいけないんでしょうけど……」

みなさんは、この親御さんをどう思われるでしょうか。

私は、子どものことを心配している、いい親御さんだと思います。けれど、どこに行っても「あなた、親なんでしょ」「親なんだから、しっかりしなくちゃ」「お子さんがかわいそう」と言われる。いったん、子どもを産んで「一児の親」になってしまった途端、周囲の人は、みんな子どもの側に立ってしか、ものを考えてくれなくなる。その結果、「親であることの孤独」を生涯、抱えていくことになるのです。

子育ては、なるようにしか、ならない

私が、カウンセラーとして、親御さんの悩みをお聴きしてきて痛感するのは、一見、平気な顔をしていても、「子育ての悩みを抱えていない親なんて、いない」ということです。中でも、「理想の自分」へのこだわりが強い親であるほど、「理想の子育て」へのこだわりも強く、子どもが思うように育っていないことへの苛立ちも強くなるのです。

子どもの成長のプロセスは、本当に、大人の予測を超えたものがあります。

小学校4年生くらいまで「何の問題もない、自慢の息子」だったのに、中学校に入ったあたりから、「別に」「それで」しか言わなくなる。家庭内暴力に走ったり、万引きをくり返したりしはじめることも少なくありません。

逆に、たとえば両親共に愛人がいて、帰宅は二人とも午前様。中学生の娘は、毎日深夜までさみしくお留守番なのに、その子は何の問題も起こさず、すくすく育っていくこともあります。親はなくても子は育つ、のです。

25年間、子育ての相談を受けてきたカウンセラーとしての私の率直な結論、それは「子育ては、なるようにしか、ならない」ということです。

むしろ「子育てはこうあるべき」「子どもにはこう接するべき」という親の主義主張やこだわりが強いほど、子どもの心が追い込まれていく感は否めません。

親として、「明らかに見る（あきらめる）べき、子育ての現実」として、まず、次のことを知っておく必要があるでしょう。

・「親は親。子どもは子ども」です。親と子はあくまで、別人格です。親の期待とは無関係に、子どもには子どもの「歩むべき人生の道」があります。
・子どもの人生はハプニングの連続が、当たり前です。（あなたの人生もそうであったように）お子さんの人生は、子ども自身にとっても、親にとっても、未知の道です。
・したがって、親が「こうあってほしい」「こう生きてほしい」と、生き方や、進路や、趣味や部活や友だち関係に、あれこれ口出しするのは、気持ちはわかりますが、土台、無理な注文です。

・特に中学生、高校生くらいの（思春期の）親子関係のねじれは、「無理を可能にしようとする」親の側の強引なかかわりによってひきおこされます。

・思春期は子どもにとって、「自分づくり」が課題の時期です。特に、親御さんがお子さんを見ていて、カーッとなったり、イライラしたりしたときには、たとえばトイレに駆け込んで、5分間深呼吸をし、気持ちが落ちついてから接するようにするなど、「一歩引いて、見守る」ための工夫が必要になります。

「進路」と「勉強」を強制するのは、心理的な「虐待」

しかし、これは、言葉で言うのは簡単でも、実際にそうするのは、なかなか難しいことです。「頭では、わかっていても、できません」——多くの親御さんは、そうおっしゃいます。これはつまり、本当には、わかっていないのです。

多くの「親のエゴ」が丸出しになるのは、子どもの進路や勉強にかかわるときです。

親子関係が完全にねじれていて、激しい反抗期の真っただ中。親が「勉強しなさい」などと言っても、逆効果で、言わない方がいいことは、誰の目にも、明らかです。そんな状態にあっても、つい「勉強しなさい」「はやく」と、どなり続ける親の何と多いことか。結果、当然ながら、子どもはますます勉強しなくなります。親が「勉強しろ」と言うから、「意地でも、親のために、勉強なんかしてたまるか」と思うようになるのです。それが、思春期の子どもの自然な行動です。親に反発して、〝自分〟をつくっていくのが、この時期の大切な課題なのですから。

冷静に考えればすぐにわかるように、「勉強しろ」と親から怒鳴られて、勉強するようになる子どもなど、いるでしょうか。私は、そんな子、見たことがありません。勉強は、楽しいと思えなくては、やれるものではありません。「親がうるさいから、仕方ない。やるか」こんな気持ちで机に向かっても、とても身につくものではないのです。

しかしそれでも「勉強しなさい！」と親は怒鳴り続け、子どもは勉強しなくなる、そんな悪循環が至る所でくり返されています。なぜ勉強しないのでしょうか。「親に屈服したくないから」「親に降伏したくないから」子どもは勉強しないのです。親に屈服して勉強してしまうと、子どもの自尊心はズタズタに傷ついてしまうからです。

しかし、そんな「意地でも勉強しない」子どもを見て、親はますます興奮します。「意地でも、勉強させてやる！」となり、場合によっては、どなり声だけでなく、手や足も出て、暴力に走ってしまいます。こうなると、「どちらが勝つか負けるか」親と子がそれぞれの自尊心を賭けたパワーゲーム（権力闘争）になってきます。

子どもが勝ち、親を無理やり屈服させると、子どもから親への家庭内暴力、ＤＶ（ドメスティック・バイオレンス）や非行という形をとります。

逆に、親が力ずくで子どもを屈服させると、文字通りの「虐待」になっていきます。

そしてそんな家庭は、「理想の子育て」にこだわる、高学歴の裕福な家庭に少なくありません。

虐待を受けている10代の子どものためのシェルター（緊急避難場所）を運営する「カリヨン子どもセンター」には、設立から7年で、14歳から19歳までの子ども、延べ２００人が入っています。一般には、虐待されて親から逃げてくる子と言えば、父親が酒におぼれ、母も子も暴力（ＤＶ）の対象になっているような家庭の子を連想するでしょう。しかし驚くべきことに、このシェルターに逃げ込んでくる子どものうち、4分の1は、社会的地位の高い豊かな家の子どもで、親の過干渉から逃れようと救いを求めてきている、というのです！（朝日新聞２０１２年2月9日版）

ここで紹介されている二つの例は、次のようなものです。

・有名私立高校3年生の女の子。両親は、教育熱心で、彼女自身も優秀な子どもだった。東大への進学を求める両親に、「自分の進みたい大学は違う」と初めて自分の気持ちを伝えたところ、母親から毎晩どなられ、蹴られて、耐えきれなくなって、家出したところを保護された。

・裕福な家庭に育った女子高校生。小さいころから母親にナイフを突き付けられて、勉強をさせられてきた。中学生になって口答えをするようになると、母親は手を出し、掃除機でたたき、物を投げつけてきた。父親は見て見ぬふりをしていた。

紙面では「教育という名の虐待」という見出しで、紹介されていました。

多くの方は、「どうしてそこまでいってしまうのだろう」と不思議に思われるかもしれません。

しかし、「理想の子育て」にこだわる親にとって、それをあきらめることは、ある意味で、「理想の自分」になることをあきらめること以上に、困難なことです。

「理想の子育て」をあきらめることができないがゆえに生まれた、悲劇と言えるでしょう。

子どもには、子どもの人生でなしとげるべきミッションがある

私が、日々の子育ての相談の中で一番実感していること、それは、子どもには、（親の期待とは別の）子ども自身の人生に与えられた「たましいのミッション」（生まれてきたことの意味と使命）がある、ということです。

私は、こう考えています。

すべての子どもは、そのたましいに、その子だけに与えられたミッション（生きる意味と使命）を刻まれて、この世に生まれてきています。子どものたましいは、見えない世界からやってきて、この世界に降りてくるときに、お母さんとお父さんを、そしてそのDNAを選んで、この世に生まれてきたのです。

まだ、天の上の、見えない世界にいるときから、お子さんのたましいは、お母さんとお父さんをじっと見ていて、『この人たちのもとに降りていこう。この人たちのDNAを、この地上の世界での、ぼくのからだとして、お借りしよう！　そうすれば、自分がなすべ

きことをなしとげることができそうだ。この人たちなら、ぼくが自分のミッションを果たすために必要な、愛情と栄養と、DNAと、そして、成長のため必要な厳しい試練も与えてくれそうだ！』と、お母さんとお父さんを選んで、ゆっくりとこの世に降りてくるのです。

このように考えてみると、いかがでしょう。親が、親のエゴで、「子どもにはこうなってほしい」「この職業を継いでほしい」「だから学校は、どうしても○○大学に行ってほしい」などと、注文を付け続けて強制することが、子どもの本来の人生を捻《ね》じ曲げることになる、と思われはしないでしょうか。

お子さんに「こう育ってほしい」「こんな人生を歩んでほしい」「そのために勉強してほしい」と思うのは、親として当然の願いでもあり、期待でもあります。

しかし、考えてみてください。その「願い」や「期待」は、心から、独立した一個の人格としての「お子さんのこと」を思ってのものでしょうか。

そこに親としてのエゴや勝手な都合は混在していないでしょうか。

しているはずです。それが、親というものだからです。

しかし、思春期の子どもは、そんな親のエゴに敏感です。親のエゴを感じ取り、親に屈服したくないがために、意地でも勉強しなかったり、わざと親が嫌がることをしたりしてきます。

親が子どもに言うことを聞かせようとすればするほど、子どもは「意地でも」「親に屈服しないために」親の言うことを聞かなくなってきます。

「親を困らせること」そのものが、反抗目的となってくるのです。

「子どもは親の思いどおりにはならない」とあきらめる

もう一度、言います。

「親は親。子どもは子ども」です。親と子はあくまで、別人格です。親の期待とは無関係に、子どもには子どもの「歩むべき人生の道」があります。

親が「こうあってほしい」「こう生きてほしい」と、生き方や、進路にあれこれ注文を付けるのは、土台、無理な話です。

「子どもには、子どもの人生があり」、子育ては「なるようにしか、ならない」のです。

このことを何度でも、胸に刻みましょう。

特に母親は、娘に対して、どうしても「こう生きなさい」と注文を付けたがるようです。

同性だから、わかったような気持ちになりやすいこともあるでしょう。

母親自身が「本当はこう生きたかった」と、自分自身の「生きることができなかった」理想や願望を、お子さんに投げかけることもあるでしょう。

しかし、お子さんにとっては（多少、嬉しくはあっても）迷惑な話です。

自分が、「自分の人生を生きる」のを許されていないような気持ちになるからです。

お子さんを見ていて「まったく、なんでこうなるの！」「なんど言ったら、勉強するの！」とイライラした気持ちになることもあるでしょう。そんなときは、トイレに駆け込んで、5分間深呼吸をすることです。

アロマスティックを使って、匂いで気分転換するのもいいでしょう。

しばらく気持ちが収まりそうにないときには、いったん外出して、ファミレスで友だちと2時間愚痴をこぼしあって帰るのも、いいでしょう。一人カラオケに行って、30分だけ、大声で歌いまくるのも、効果的です。

大切なのは、イライラ、カリカリした気持ちのまま、お子さんと接するのをやめることです。何も、いいことは、生まれません。

気持ちを落ちつけ、自分が穏やかな気持ちになってから、接するようにしましょう。

そして、自分の中で、何度か、こうつぶやいてみましょう。

「私は私。子どもは子ども。子どもには、子どもの人生がある」

「子どもには、子どもの人生があり、子どもの人生のミッションがある」

「親が、○○になってほしい。だから○○学校に行くために勉強しなさい、と思うのは、親の勝手であり、エゴである」

「子どもを親のエゴの道具にしてはならない」

「子どもには、子どもの人生がある。だから、どんなに一生懸命子育てしても、子育ては、なるようにしか、ならない」と、明るく前向きに、あきらめることが大切なのです。

第七章
「理想の結婚や恋愛はできない」と、あきらめる

「ふつうの結婚」ができない時代

最近、さまざまなメディアで、「日本の自殺」「自滅する国・日本」といった文字が躍っています。人口が減少し、日本全体が「縮小社会」と化していく中で、東京でも鉄道が廃線になったり、飲食店が急減したりと、この国がスラム化していく様子が予想されています。

また、今、30歳以下の男性の約3人に1人は、人生で1回も結婚しない（生涯独身）になるはずだと予測されています。結婚しない男性が増えればその分、結婚しない女性も当然増えていきます。30歳以下の女性の4人に1人程度は、生涯独身のままになるでしょう。

つまり今や「ふつうにまじめに人生を生きていれば、ふつうに結婚して、ふつうに子どもを育てる時代」ではなくなっているのです。

しかし、結婚願望そのものが著しく低下しているわけではありません。2010年に東京大学の社会科学研究所が調査したところ、20代から30代までの交際相手がいない人の約半数が「婚活したい」と思っており、また、ここ数年のうちに新しいカップルになった男女の約4割が「婚活」の過程で出会ったカップルだというのです。

つまり「恋愛⇒結婚」と、「自然な恋愛の延長上にあるのが結婚」と考えるのではなく、20代も半ばになると、「婚活⇒恋愛」と、「婚活の途上で生まれるのが恋愛」と多くの人の意識が変わりつつあるのです。

特に女性の「早婚願望」は増しています。

深刻化する「無縁社会」の実情がテレビ等でさかんに報道され、「孤独死は怖いよね」とささやきあっていた中、3・11の大震災が起き、「やっぱりひとりは怖い」「家族はほしいよね」と「心理的安定」を求める気持ちが強まり、結婚願望は高まりました。「孤独死は避けたい」「ひとりはさみしいよね」と「心理的安定」や「絆」を求めはじめた点は、男性も変わるところはないでしょう。

私のまわりでも、これまで結婚にあまり積極的でなかった30代半ばの女性が次々と結婚していきました。しかし、結婚したいとは思っていても、実際にはしない人の割合が急激に減っていったわけではありません。

その理由の一つは、女性が結婚に求めるものは、「精神的安定」や「絆」ばかりではないからです。日本の女性の専業主婦願望は依然強く、たとえ働いたとしても、子どもが生まれたら、10歳になるくらいまでは働きたくない、という人が多い。子どもの心の成長の視点から言えば、10歳から15歳くらいまでの「思春期」こそ、子育てが一番難しく、親ができれば家にいた方がいい時期なのですが、それは置くとして、そうした願望があるために、やはり男性には、一定以上の「経済的安定」を求める女性が大半です。

しかしある調査によれば、24歳から35歳の独身男性で、年収600万以上の人は3・4%にすぎず、年収1000万以上となると、20代から40代まで幅を広げても独身男性のわずか1・6%しかいません。丸の内のOLの間でよく知られている「年収2倍の法則」（結婚し退社し専業主婦になっても生活レベルを落とさずにすませるためには、相手の男性の年収は自分の2倍なくてはダメだ、という法則）がありますが、こうした条件を満たすことができる同世代の独身男性はごく少数しか存在していないのです。

経済面も、人間関係の面でも（心の面でも）、安定したい、という女性の願望を同世代の男性は叶えてくれない……こうした現状が生み出したのが、「年の差婚」ブームです。「年収も1000万円近くあり、精神的にもゆとりのある40代男性」が、同世代の男性に比べると、「精神的安定」と「経済的安定」を同時に満たしてくれる存在としてクローズアップされたのです。

18歳以上35歳未満の未婚者のうち、男性61・4%、女性49・5%が「交際をしている異性はいない」と回答し、過去最高を更新した、というのも、こうした結婚市場の現実を受け入れ、あきらめた（結婚・恋愛の現実を明らかに見た）ことによる「現実適応の結果」と見ることもできるでしょう。「ふつうの結婚」が、そう簡単なものではないことを、若い世代はよくわかっているのです。

「結婚しない」選択で、人生最大のリスクを回避できる

ポジティブ心理学の専門家であるプリンストン大学のダニエル・カーネマン教授は、2006年に『サイエンス』誌という、信頼性の高い著名な学術誌に「より裕福になると幸福になるのだろうか――注目による錯覚――」というタイトルの論文を発表しました。

この論文では、「家計収入が高い人は、幸福だ」と思われやすいけれども、それは「錯覚」だということが証明されています。

実際の調査は、働いているビジネス・ウーマンを対象に、「前日の気分」を聞くという方法で行なわれました。

それによると、「収入がかなり高い人」のうち、「悪い気分」であった人、つまり、アンハッピー（不幸な気分）だった人の割合は20％だったのに対して、「収入がかなり少ない

人」のアンハッピー率は32％だったといいます。「収入がかなり少ない人」は、半数以上の人が不幸であろうと予測されていたのにもかかわらず、実際には32％で、つまり低収入の人のうち7割くらいは、それなりにハッピーに生活していたのです。

同様のことが「結婚」の調査でも示されました。

同じ調査で、40歳以上の「結婚している人」と「独身の人」の「不幸率」を調べて比較したのです。事前の予測では、「結婚している人」の「不幸な人」の割合は28％、「独身の人」の「不幸な人」の割合は41％だったのですが、調査の結果、実際には、「結婚している人」のうち「不幸を感じている人」は23％であったのに対し、「独身の人」で「不幸を感じている人」は、わずか21％しかいなかったのです。つまり、「結婚している人」の方が、「独身の人」よりも「自分は不幸だ」と感じている人が多いのです!!

結婚は、どんな人にとっても、簡単ではないということがよくわかる結果です。

独身の方はよく「結婚すれば、幸せになれる」と思い込みがちですが、決してそんなことはありません。

「結婚」すると、人生は激変します。子どもを育てる、パートナーの親の介護をする、家事をする、なにごとも自分一人では決められなくなる。自分で自由に使える時間が途端に少なくなる、自分で稼いだお金なのに、それをどう使うかを、自分で決めることができなくなる……。

もちろん、結婚で得ることができるものもたくさんあります。しかし、失うものも、それに負けないくらい多いのです。

そう考えると、必ずしも無理して結婚する必要はありません。むしろ「結婚しない人生」を選択することは、「人生最大のリスクを回避する」ことにつながるとさえ、言えるのです。

「自分が本当に結婚したい」と思っていなかったり、「結婚したいか、どうか、よくわからない」状態のときに、周りの目ばかり気にして、焦って結婚する必要など、まったくないのです。

「婚活疲れ」で「うつ」になる

しかし、やはり「結婚したい」と強く願う男女が多いことに変わりはありません。

心理カウンセラーをしている私にとって気になることは、「婚活」で自尊心がボロボロになり、場合によっては心の病を負う方が少なくないことです。

「結婚」「恋愛」は人生をかけた一大勝負です。

相手から断られると、全人格を否定されたような失望感を味わうことになります。婚活で何度も何度も断られ、挫折感を味わい続けると、自尊心がボロボロに傷ついてしまいます。自己肯定感（自分はＯＫだと思う気持ち）が打ち砕かれて、自分の「男性としてのプライド」「女性としてのプライド」が傷ついてしまう方も少なくありません。失恋がトラウマ（心の外傷）となり、心のエネルギーが枯渇して、うつ病になって精神神経科を受診したりカウンセリングを受けにいったりする方も少なくないのです。

「婚活疲れ」が原因で、心の病になってしまう。そんな方を対象にしたクリニックが実際に存在しています。精神疾患全般を治療する、河本メンタルクリニック（東京都墨田区）の中にある「婚活疲労外来」です。婚活疲労外来を担当しているのはこの病院の顧問の小野博行医師で、この方はもともと、うつ病のエキスパートだった方です。婚活の失敗によって、心のダメージを受け、うつ病になる方が決して少なくないことから、そうした人たちのための、「受け入れの場」が必要であると考えて、婚活疲労外来を始められたのです。

このクリニックには、異性から拒絶されることに対する不安や恐怖、抑うつといった症状に苦しみ、「どうせ俺なんか何度やってもだめだ」「男として（女として）価値がないんだ」といったネガティブな思考におちいった方がたくさん訪れています。患者さんのなかには、婚活で相手に拒否されたことをきっかけに、恋愛や結婚のみならず、人生全般に対してネガティブな思考（どうせ私なんて！）におちいる方が少なくないといいます。

うつ病の方は、午前中の調子が悪くて、夕方になると元気が出てくるというタイプが大半です。しかし、婚活疲労からうつ病になった方は、合コンなどが夕方から夜にかけて行なわれるせいかもしれませんが、とりわけ夕方にさみしい感情が出てきて悲哀感にさらされるのが特徴のようです。

「失恋」「婚活の失敗」における「あきらめ」の五段階

もちろん、自尊心がボロボロに傷ついてしまうのは、いわゆる「婚活」の失敗だけではありません。ふつうの「失恋」も、大きな「喪失」体験です。

特に「この人とは、永遠に結ばれるに違いない」「この人との愛が失われることなど、ありえない」と思っていた「恋の絶頂体験（peak experience）」を体験した人の脳の状態は、ある種の薬物を摂取したのと同様の状態になる（まさに、恋は麻薬！）そうです。

そのため、恋を失ったときも、ドラッグに依存していた人が、クスリを断たれたときと同じような激しい痛みや苦しみを味わうことになります。
ここで思い起こしてほしいのが、キューブラー・ロスが、「死の五段階説」として語っていた五つの段階についてです。
ロス自身が、五つの段階について、死のみでなく、大きな喪失体験の大半にほぼそのまま当てはまる、と語っていたように、それは強い失恋の苦しみにも当てはまります。

第一段階 「否認」

これは、文字通り、自分がふられたこと、永遠に続くと思っていた「あの人」が、もう二度と戻ってこないのだ、という事実を認められない、認めたくない、という段階です。
もうふられたのだ、あの人は戻ってこないのだ、ということを「頭では」わかっている。けれど、そのことを、現実のこととして直視するのは容易ではありません。

第二段階 「怒り」

永遠に別れることはないと思っていた「あの人」が二度と戻ってはこないのだ、という、認めずにすむのならば認めたくない事実を、いよいよ認めざるをえなくなったとき、人は、

「やり場のない怒りや恨み」に襲われます。

なぜあの人を失わなくてはいけないのか。「あの人のいない人生」なんて、考えることもできないのに……。そう思い、怒りや、焦りや、不安がわいてきます。

第三段階「悪あがき」

ロスが死のプロセスにおける「取り引き」として語っている段階は、失恋の場合、「悪あがき」の段階になると思われます。

なんとか、「あの人」を取り戻そうとして、何度も連絡をとったりと「悪あがき」をします。どうしても、執着してしまうのです。自分の心の中の葛藤を「心の中」だけで保持できず、実際の行動に移してしまうことを「行動化（アクティングアウト）」と言いますが、心の器が脆弱《ぜいじゃく》で、自己愛の強い人だと、ストーカー行為をしたり、相手に復讐をしようと、さまざまないやがらせを試みたりします。

「自分だって新しい恋をしているのだ」と元カノ（元カレ）に見せつけるために好きでもない人とつきあったり、自殺未遂をしたりリストカットをしたりして、「あなたがふったために私はこれだけ苦しい思いをしているのだ」と相手に見せつけたりします。

第四段階　「抑うつ」

失恋を受け入れることへの抵抗を一通りやりおえた後に、いよいよ襲ってくる絶望的な感情です。

失恋すると、人生は、一変します。特に、「あの人と永遠に愛しあうのだ」と思っていた人を失うということは、半ば、それまでの人生を失うに等しいことです。あまりに多くのものを「喪失」し、のたうちまわりながら苦しむのです。

「あの人は、もう戻ってこないのだ」という現実をいよいよ認めざるをえなくなってくると、ぽっかり穴が開いたような「喪失感」が、人を抑うつ的な感情へと打ちのめします。それまで「相手」に向かっていた否定的な感情が「自分自身」に向かい始めるのです。

実際に、失恋や婚約者との破談、離婚などをきっかけにうつ病になり、仕事を退職したり休職したりする方は、決して少なくありません。

第五段階　「受容」

この段階では、もはや人は、「これからは、あの人なしで生きていかなくてはならないのだ」という運命と闘おうとはしません。つらい運命を受け入れ、「あの人」のいない人生へ旅出とうとする決意がようやく生まれてきます。

　この段階にまでいくのに、3日ですむ人もいれば、10年かかる人もいるでしょう。一般に、若い方の失恋より、大人の失恋のほうが、この段階に至るまでに多くの日数を要するようです。

　また、高齢期の方が徐々にさまざまな能力を失っていくのに伴い、喪失感とうつ状態を体験するのを、近づいてくる「死」を前にした「準備性うつ」と言いますが、失恋の場合も、二人の関係が倦怠期に入り、別れを予感する場面を体験する度に、二人もしくは片方がうつ状態になることがあります。これも「失恋」という「喪失」が近づきつつあることへの「準備性うつ」と言えるでしょう。

　多くの場合、別れが実際に来る前に、それを予感する場面があるはずです。

　私の場合、こんなことがありました。

「別れ」の2週間ほど前に、ある神社に行っておみくじを引くと、次のような言葉が記されてあったのです。

「愛情運　悲しくても、つらくても、この恋は早く忘れましょう。その方が二人のためです。

そうして縁結びの神様にお祈りしなさい。きっと新しいひとが現れ、楽しくしあわせな恋が実るでしょう」

ちなみに運勢は「中吉」でした。

その2週間後、(私から見れば)突然、別れを切り出されたのです。

「あの人」との「思い出」が、人生最高の宝である

私は、20代のときに、「この人が人生のすべて」「この人のためなら死んでもかまわない」、そう思える女性と出会い、魂をすっかり奪い取られた経験があります。失恋と同時に、私の毎日の生活から意味と輝きのすべてが完全に失われました。

私の魂は、もう20年以上、その方の眩惑的な美の輝きに(厳密に言えば、その女性を通して輝きを放っていた美のイデアに)完全に捕らえられたままです。今でも時折、自分の魂が、その方のもとへとフラフラ浮遊していく感覚を覚えますが、私は、一生そのままでもいい、と思っています。その方を忘れ去ることなど、とうてい無理なことだし、もし忘れてしまったとしたら、私の人生は、魂の抜け殻のような人生になってしまうからです。

「あの人」のことを思い浮かべると、今でも、胸の痛みを感じます。けれどもその胸の痛

みの中に、あの人との思い出が刻み込まれているのを感じます。いや、「あの人との思い出」を通じて、「絶対恋愛」の「イデア」と私の魂がつながっているのを感じることができるのです。「胸の痛み」は、その証なのだと感じることができるのです。

ドストエフスキーは『カラマーゾフの兄弟』の最後の場面で、主人公に次のように語らせました。

「たった一つでもいい……心から大切だと思える思い出が一つでもあるならば、人は自分の人生を深いところで肯定することができるはずだ」と。

深く人を愛したことがある人、一度でも「この人のためなら人生のすべてを犠牲にしてもかまわない」と思える、そんな恋愛をしたことがある人にとって一番大切な財産。それは、「その人とともに過ごした時間」であり、その「思い出」なのです。

ビクトール・フランクルは次のように言います。

「現在」はまたたく間に過ぎ去る「はかない」ものであり、また、「未来」は来るか来ないかもわからない「不確かなもの」であるが一方、心を込めて「生きられた過去」は、何よりも「確かなもの」である、と。

心を込めて「生きられた過去」は、誰の手によっても、打ち消したり、奪い取ったりすることのできない、もっとも確かな「業績」であり、揺るぎのない「人生の財産」なのだと言うのです。それは、はかなく消えゆくものではなく、「時間の座標軸」に永遠に刻み込まれ続けるものなのです。

あなたが、「大切なあの人」と過ごした「大切な思い出」――それは、誰がどんなことをしても決して消し去ることはできません。そして、そんな「大切な思い出」が一つでもあるならば、人は自分の人生を深いところで肯定しつつ、生きていくことができるのです。

第八章

「自分は、孤独死するかもしれない」と、あきらめる

驚くほど多い「無縁仏」

2年ほど前からでしょうか。「無縁社会」「孤独死」という言葉がテレビや雑誌などで取り上げられはじめました。その実情が報道されるにしたがって、多くの人が不安や焦りを感じ始めています。

今、30歳以下の男性の約3人に一人は、人生1回も結婚しない「生涯独身」になるはずだと予測されていることを先に紹介しました。すでに単身世帯が、日本では最多の世帯形態です。これからますます増えていくでしょう。

つまり、社会の「無縁化」「孤独化」はますます進んでいきます。

今はまだ、「孤独死は避けたいね」「ひとりで死ぬのはいやだよね。あまりにも、さみしいよね」という声が多く、「だから、結婚はしたいよね」という声が多数派ですが、あと20年もすれば、「孤独死」=「ひとりでひっそり死ぬこと」が、「ごくふつうの死のあり方」として、社会的に受け入れられていくでしょう。

それにしても驚いたのは、東大病院で死を迎えた人のうち、3割以上の人が葬式をしてもらえず、そのまま火葬場へ直行するという事実を知ったときです。

「東大病院に来院する方」と言えば、医師の紹介状を持って受診する人が大半で、それなりの社会的階層の人が多いはずです。にもかかわらず、東大病院で死を迎える人の3割が、経済的な問題からか、葬式をあげてもらえないらしいのです。

NHKスペシャルで2年くらい前に「孤独死」や「無縁仏」の問題を特集した際、「私も無縁仏として火葬場送りになるかもしれない」と多くの人が不安を抱きました。

この頃から、自分が突然死んだときに備えて、自分の遺骨をどうするか、遺品をどう整理してもらうか、生前契約する人が増えて話題になり、この題材を元に書かれた小説が映画化もされました。

私も、「東大病院で亡くなる人の3割が無縁仏」という、この記事を目にしたとき、ふと「私が死んでも、お葬式はあげてもらえないかもしれないな」という考えが、頭をよぎりました。

そして、なぜか、「それでもいい」と思えたのです。

考えてみれば、たとえ葬式を開いてもらえても、ほんの数時間、私のことを思い出してもらえるだけです。そして、葬式に来る人の中には、単に仕事のつきあいで葬式に来る人や、私のことを恨んだり妬《ねた》んだりしている人もいることでしょう。そんな方にまで葬式に来られると、その方たちの濁った想念で、私の魂が、肉体から離れ、純化されたものとしてこの世から旅立っていくのを妨げられてしまうように思います。

お墓はどうでしょうか。

イスラム教圏では、どんなに社会的な地位が高い人でも、社会的地位が低い人でも、関係なく、ただ、墓石をぽつんと一つ置くだけ。日本のようなお墓はつくらないそうです。

私は、それも悪くないな、と思うようになりました。

私たちは、「見えない世界」から、ほんの数十年間、この「見える世界」にやってきて、そのうちいずれ、また、魂のふるさとである「見えない世界」へと還《かえ》っていく存在です。

「この世＝見える世界」は、しょせん「仮の宿」なのです。

「自分はひとりであの世に行くのだ」と、「死の瞬間」をひとりしみじみと味わいながら迎えた方が、この世への未練を残すことなく、気持ちよく、あの世に行くことができるかもしれません。

盛大な葬式よりも、豪華なお墓よりも、私が望むのは、この本を含め、私の書籍や論文のすべてを電子化して、永遠にこの世に残してもらうことです。私は、本を書くとき、ふと、何か、石を彫るようにして、魂を文字に刻んでいるような感覚に襲われることがあります。私の魂は、少なくとも、お墓にあるよりもはるかに深く、私の書いた書物の中に、文字として宿っているはずです。

私の書いたすべての書籍や論文が電子化されてオンライン上に残れば、日本人の過半が一度に命を失うような、前例のない災害が（そのようなものはありえないかもしれませんが）あったときも、私の魂は、文字として残り続けます。もしかすると、300年後か500年後に、何かの資料を調べている青年が私の本を目にするかもしれません（たとえば「あきらめ」について調べていて、この本をオンラインで手にとってくれるかもしれません）。

私は、中学時代、キャンディーズのかなり熱心なファンでした。メンバーの一人、スーちゃん（田中好子さん）のお葬式にも行きました（あのお葬式で、青い紙テープを投げていた一人が、私です）。スーちゃんの魂は、彼女の出演した作品に、キャンディーズのCDに、そして、あの時天空に投げられた青い紙テープに宿っていました。

何かの作品を作っている人なら、自分の「作品」にこそ（ある意味で現実の自分以上に）、魂が刻まれている、ということの感覚はわかってもらえるはずです。だからこそ、作品づくりなどという、こんなにも苦しい作業を続けることができるのでしょう。

現実の私のことなど、知っている人が誰もいないときが、あと100年もせずに訪れるでしょう。そんな、100年後のいつか、ある若者が、オンラインでたまたま私の本を見つけて「こんな人がこの時代にいたのだ」と思ってくれる。そんな場面を私はひそかに夢想します（私の弟子の一人、辰巳裕介君、僕が死んだら、必要経費は私の預貯金から使っていいので、書籍をすべて電子化してホームページにアップしてください。よろしくお願いします。——なんてことを書くと、心配して連絡してくる人がいると困るので申し上げておきますが、私は健康体の48歳で、運が良ければあと20年は生きたいと思っています。念のため）。

実は、すべての死は、孤独死である

もう一つ、当たり前のことと言えば当たり前のことなのですが、ここで確認しておくべき事実があります。**「厳密に言えば、すべての死は孤独死である」**という事実です。「人はみな、ひとりで生まれ、ひとりで死んでいく」。このことは、誰もがわかっています。そう、頭の中では。

けれど、『存在と時間』の中でハイデッガーも言うように、人はみな、日々の生活の中で「自分はまもなく死ぬ」という事実を忘れようとします。そして、いろいろな気ばらしやおしゃべりによって気を紛らわせようとするのです。

人はみな、ひとりで生まれ、ひとりで死んでいきます。

たとえ家族に囲まれ、「お父さん、死なないで」などと手を握って言われていても、死ぬときは、紛れもなく、ひとりきり。完全な孤独です。

孤独でない死など、ひとつも、存在しないのです。

また孤独死と言うと、ひとり自宅で息を引き取っていく姿を思い浮かべがちですが、交通事故でなくなる方も、3・11の大震災で被災して命を奪われた方も、同様に「ひとり」で死んでいきます。同時に多くの命が奪われる死も、その人自身の視点に立ってみれば「ひとり、さみしく死んでいく」のに違いありません。それは言わば、「同時発生的な、孤独死」なのです。

死ぬ瞬間、どの人も、完全に孤独である。あらゆる死は、孤独死であり、人はみな、ひとりで死んでゆく。この事実から目を逸らしてはいけません。

むしろ、家族みんなが病室に集まって「お父さん、がんばって」「お父さん、私よ、わかる？」などと声をかけられ続けたら、ましてや、「お父さん死んだら、遺産をどう分けようか」などと病室で話し合われでもしたら、死んでいくほうは、いろいろと言いたいことがあるのに、からだが言うことをきいてくれずに言いたいことも言えず、かえってイライラしたり、悔しい思いをしたりしながら、死んでいくのではないだろうか、などと、私は思います。

「死」は、見えない世界からこの世にやってきた人間が、純化されたたましいとして、ふるさとである「見えない世界」へと旅立っていく「聖なる瞬間」です。

「死の瞬間」こそ、数十年の人生の中で、もっとも重要な体験ができるときだと言ってもいいでしょう。

そんな、この人生でもっとも重要かつ神聖なる「死」という体験を迎えるときに、たとえ家族といえども、誰かが周りでワイワイガヤガヤ話しているのを聞きたくはありません。

ひとり、何もごまかすことなしに、自分の全身で、「死の瞬間」を味わい、からだ全体で自分が死にゆくのを感じながら死んでいきたい、と私は思います。

私は、ひとり、何にも邪魔されずに、しみじみと、からだ全体で「死という人生でもっとも聖なる瞬間」を味わいながら、死んでいきたいのです。

人生で一度も、他の人から「わかってもらえた」ことがない私

人は、死の瞬間にだけ、孤独になるのでは、ありません。

むしろ、「人生のあらゆる瞬間において、人は、常に孤独である」というのが、人生の紛れもない事実でしょう。

子どもならば、この事実から目を逸らして誤魔化して生きていくこともそれなりにできるでしょうが、大人になると、さすがにそれが、難しくなってきます。

だから、大人はみな、どこか、寂しさをたたえているのです。

さみしくない大人なんて、一人も存在しません。

大人になるとは、「人生は孤独である」というこの事実を、誤魔化せなくなっていくことなのです。大人になるとは、「自分はどこまでも孤独である」という人生のいかんともしがたい事実を、あきらめていくことだと言ってもいいでしょう。

私のことをよく御存じの方は、みな、知っていますが、私自身は、かなりのさみしがり屋です。

というより、本質的に孤独なのです。

私は、10代後半から20代の後半にかけて7年以上にわたって、「生きる意味」を求め続

ける「哲学神経症」状態に陥りました。

そして20代の折、「絶対恋愛」の対象が喪失し（つまり、ふられて）、からだが震え続けるほど苦しみ、何年もの間、絶望の淵をさまよい、自死の寸前までいきました。

そしてそうした苦しみの間、何万回、何十万回も心の中で叫んでいたのは、

「誰も、ぼくのことをわかってくれない！」

「この世界で、ぼくのことを本当にわかってくれている人なんて、誰もいない！」

ということでした。

今もそう、思い続けています（私だけでなく、多くの大人が、心の中で同じことを日々つぶやいているはずです。「私のことをわかってくれる人は誰もいない！」と）。

私など、生まれてこの方——より正確には、5歳の頃、幼稚園の先生に「人間のうち、どれくらいの人が自殺するの？」とたずねて、「たいていの人は、自殺しないよ」との答えを聞いて、「これから、何十年もこの苦しい人生を生き続けなくてはいけないんだ」とショックを受けて以来、約45年間——心の中で、ずっと、そうつぶやき続けています。

「ぼくのことを、本当に、わかってくれる人なんて、誰もいない！」と。

10代の折の「哲学神経症」、20代の時の「絶対失恋」、そして死の希求という試みを重ね

るにつれて、この思いは、決定的に深まっていきました。

けれども、あきらめているわけではありません。

私が、こうやって本を書いているのも、「いつかどこかに、私のことを本質的にわかってくれる人がいるかもしれない」という思いがあるからでしょう。私だけでなく、文章を書き続けている人間、何かを表現している人間の多くは、そんな気持ちをどこかに持っているはずです。

また私は、カウンセラーですが、カウンセリングでたとえば幻聴や幻覚に苦しんだクライアントの方のお話を聴いていると、とても気持ちが落ち着きます。多くの人が集まる立食パーティーよりも、カウンセリングをしているときのほうが何倍も気持ちが落ち着きます。

その理由の一つは、私と同じように「誰にもわかってもらえない」という気持ちを抱えているクライアントの方のお話をうかがっていると、「わかってもらえない世界」にしばらくの時間、浸ることができるからです。つまり私も、同種の人間なのです。

またもう一つの理由は、「誰にもわかってもらえない」と語るクライアントの方の気持ちを、その内側の視点に立って「こんな感じでしょうか」「あぁ、なるほど、〇〇〇ですね……」「もしかしたら、こんな感じでしょうか」と、ていねいに、ていねいに、その内側の世界に近づいていこうとしていくと（クライアントさんの心をていねいに見ていくと）、何だか、自分自身もていねいに扱うことができたような気持ちになれるからでしょう。

周囲の人から、「ほんとに何年も、なんにも変わらないのね」と言われているクライアントの方、たとえば、ひきこもりを10年、20年と続けていて、外出などの目に見える形の変化がなんにも起こらず、「ただただ時間だけが過ぎていく」ようにしか思われない状態（ジェンドリンの言う「停止stoppage」状態）にあっても、本人の内側の視点に立ってお話をていねいにうかがっていると、「ほんの少しの、意味のある変化」が小さく連続して起こっていることがわかります。

そんな方と、ゆっくりていねいにかかわっていると、やはりまったく変わらない同じ状態にとどまっているように思われる自分自身にも、「意味のある、とても小さな変化」は生まれているのだと、感じることができるのです。

人はみな、本質的に、かつ、絶対的に、孤独である

私は、今でも、「いつかどこかに、私のことを本質的にわかってくれる人がいるかもしれない」という思いを密《ひそ》かに抱いています。中学3年の春に、この凡庸な世界の中に差し込んできている〈真理のイデア〉〈ほんとうの人生〉という一条の光に魂を奪われたときから、もう35年くらい、ずっとその思いを抱き続けてきました（私はそのとき、人生や心に関する物書きになろうと志し、心理学の道を歩むことに決めました）。

そうした「希望的な幻想」なしでは、つらいことの多いこの人生をとてもわたっていけるものではありません。

しかし、50も近くなって、ようやくこの「希望の幻想」を少しずつ剝《は》いでいくことができるようになってきました。

「私という人間の本質を、理解してくれる人など、結局、この世界に一人もいないのだ」

「私は、そうした人間だからこそ、自分の垣間見た（知った）真理を粘り強く人に伝えていく必要があるのだ」

「私だけでなく、大人になり、自分しかわからない世界を抱えるにしたがって、ますます人間の孤独は深くなるのだ」

つまり「人は、最期まで、みな、本質的に、かつ、絶対的に、孤独である」という真実を、少しずつ明らかに見ていく（あきらめる）ことができるようになってきたのです。

拙著『孤独であるためのレッスン』（ＮＨＫ出版）という本も、この孤独の深まりのプロセスの中で、書いたものなのです。

人は、最期まで、みな、本質的に、かつ、絶対的に、孤独です。

だからこそ、私たち人間は、「神」といった、この世を超えた超越者とのつながり（スピリチュアリティ）を必要とするのでしょう。「ほかの人には、この苦しみは、とてもわかってもらえない」という「あきらめ」ゆえに、人類は、宗教を必要とするのかもしれません。

「孤独死」を受け入れると、「あの世」に気持ちよく旅立てる？

話を「孤独死」のことに戻しましょう。

人は、みな、本質的に、かつ、絶対的に、孤独である。最期まで――この事実を受け入れ、あきらめていくにしたがって、私は、はじめて、少しずつ「孤独死」への恐怖を感じなくなってきました。

ハイデガーが、キルケゴールにならって「死の単独性」を説くように、「自分は、ひとりで死んでいく」という事実をみずからすすんで積極的に受け入れ覚悟していくことによって（死の先駆的決意）、人はその「本来性」へと立ち戻っていくことができるのです。

もちろん自分の人生の最期の時に、最愛の誰かに傍にいてもらえたならば、それに越したことはない、と私も思います。

キューブラー・ロスのように、家族全員に看取られて死ぬのが、やはり幸せな「死」なのだろう、とも思います。

しかし、家族や愛する人が傍にいることで、かえって「この世」への執着が強まってしまい、「あの世」へと純化した魂となって帰っていくのを妨げられてしまうかもしれません。

『チベット死者の書』の教え

私がこの思いを強めたのは、『チベット死者の書』を知ってからです。

チベットでは宗派にかかわらず、臨終の人の枕元でラマ僧が『死者の書』を説き伝えていきます。日本ではまったく考えられないことですが、死の瞬間に、配偶者や親、子ども、きょうだいといった近親者は遠ざけられ、僧だけがそばにいて『死者の書』を読むのです。

死に至ってもそれは終わらず、最長四十九日にわたって続けられます。

なぜ近親者を遠ざけなくてはいけないのでしょうか。

「この世への執着を断つために」です。

『死者の書』には、死にゆくときに人が体験するさまざまなイメージ、ビジョン、そして、それらへの対処の仕方が示されています。なかでももっとも重視されているのは、死にゆく人が出会う「強烈な光」の体験です。

死にゆく人の呼吸がまさに止まろうとするとき、その人にこう告げよ、と『死者の書』は言います。


「ああ、善き人よ。今や汝にとって存在の本性を求める時がやってきた。汝の呼吸はまさに止まろうとしている。汝のグルはクリヤー・ライト（光明）とともに汝の前に座っている。

すべての事柄は全き空で、曇りのない天空のようである。裸のけがれない知性は、中間状態での存在の本性である中心のない透明な全き空を経験しようとしている。

この時に、汝は汝自身で本性を知らなければならない。そしてこの状態に留まるべきである。私もまた、汝と共に導きをなすであろう」

（『チベットの死者の書』　おおえまさのり訳　講談社＋α文庫）

呼吸が止まってしまう少し前から、この導きの言葉を、死にゆく人の耳元で何度もくり返して読むべきだ、というのです。

ここでわかるように、チベットでは、死ぬ瞬間こそ、「悟り」を得るための絶好の機会だと、とらえられています。

死ぬ瞬間、人は、ものすごい強烈な光や、いくぶん弱い光と出会います。

死の瞬間に、人が、強烈な光と一体になり、それと融合することに成功すると、「自分の本性」である「全き空」を経験することができ、すると輪廻から解放され、解脱することができる、と考えられているのです。そしてそれができなければ、また人間や犬、馬などのさまざまな動物に生まれ変わって、再びこの世で生きることになるのです。

ここでわかるように、『死者の書』においてとりわけ重視されるのは、「死の瞬間に目覚めた意識があるか否か」です。死にゆく人の魂がどこへ行くのか、それを決するのは、死の瞬間にその人が悟っているかどうかだ、と考えられているのです。トランスパーソナル心理学の代表的な理論家、ケン・ウィルバーは、自身が妻の死を看取った経験にもとづいて『死者の書』の考えを「死の瞬間に訪れる高次の意識」として、理論的に再解釈しています（伊東宏太郎訳『グレース&グリット〈下〉』春秋社）。

『死者の書』を知って私が思ったのは、私たち日本人が、家族の臨終の際にごく当たり前のようにしていることが、『死者の書』から見れば、この世への未練と執着をかきたてる、とんでもない行為だということです。

『死者の書』の見地からすると、死の瞬間に、人は、「お父さん！」「あなた！　死なないで!!」などと訴えてくる家族の声に耳を傾けている暇などありません。「死」という「人生で、もっとも聖なる瞬間」において、人は、ただひとり、ひたすら、まぶしく輝く光に向かって進んでいくべきなのです。

昏睡状態にある「死にゆく人」と対話する方法

私が「もしこんな死に方をしたら、すごくつらいし、この世に未練が残るだろうな」と思う死に方は、病室に、家族みんなが集まって「お父さん、がんばって」「お父さん、わかる?」などと声をかけられ続ける中で、死ぬことです。ましてや、ワイワイガヤガヤと、どうでもいいことを話し続けられては、たまったものではありません。

一度昏睡状態になって、その後意識が戻ってきた方の多くが語るように、いわゆる「昏睡状態」にある人は、一見、意識がないように見えても、実はちゃんと聞こえていることが多いものです。周囲でガヤガヤと勝手なことを言われながら、自分は言いたいこともあるのに誰にも伝えられず、無念のままに死んでいくのは、本当につらいと思います。

私の死の瞬間に、もしも誰かが傍にいてくれるのならば——死の直前のほんの数時間だけでも「私と意識を合わせて、私と本当に、きちんと、いっしょにいてほしい」と切に思います。

では、どうやって? 死にゆく人は、もう昏睡状態にあって、言葉を発することができないのはもちろんのこと、表情さえなく、体を動かすこともできません。なのに、どうやってコミュニケートし、「心を一つにする」ことができるのでしょうか?

しかし、その方法はあるのです。「コーマ・ワーク」といって、プロセス指向心理学の創始者アーノルド・ミンデル氏が開発した昏睡状態の人と「心を一つにして」コミュニケーションをとっていく方法です。米国ではすでに多くの人が専門家(コーマ・ワーカー)

としてのトレーニングを受け、家族の方が、昏睡状態にある人とコミュニケートするのを援助するために活躍しています。日本でも一刻も早く、普及が求められます（岸原千雅子《ちかこ》さんによる手引書の翻訳が近刊とのことです）。

コーマ・ワークでは、昏睡状態にある人の発するさまざまなシグナル、たとえば唸《うな》り声、咳、眼球の動き、筋肉の動きなどを、無意味な生理的反応として切り捨ててからず、それらは「何かを訴え表現しているのかもしれない」「単なる肉体的苦痛の表現ではなく、死にゆく人の心の表現かもしれない」と考えます。現象学的にこれらの現象をそのまま受け止め大切にしていき、相手に呼吸を合わせ、言葉のトーンを合わせ、相手のペースに従って、必要あらば、そのほんの少しの反応があった部分をていねいに触って刺激してみたりしながら、昏睡状態にある人が、少しでも自分を表現し、その心の世界が展開していくことができるように援助していくのです。

ホスピスの普及や、自宅での看取りの援助など、現代では、「豊かな死に方」についての理解が深まっています。しかし、今まさに死にゆく人、昏睡状態にある人が、その深いところで感じている本人の微妙な感情を表現できるようにケアすることはできていません。

ミンデルによれば、彼がこれまでかかわってきた多くの昏睡状態にある人の心の内側では、ものすごく強烈な出来事が起こりつつあります。そしてその、人生の最期における強烈な体験をしっかり体験した上で死ぬためには、誰かほかの人からの具体的な援助を必要としています。

死にゆく人は、しばしば苦しい表情を見せます。私たちはこれを肉体の苦痛によるものと考えがちです。しかしミンデルの体験では、死にゆく人が見せる苦しみの表情は、多くの場合、彼らが自分の心の中で起きている強烈な体験を誰にも伝えることができず、一人で受け止めなくてはいけないことの困惑が表現されたものなのです。

私は、コーマ・ワークの普及を心から願います。

そして、私自身が死ぬ瞬間には、一番信頼している方に、コーマ・ワークをしてもらいながら、あの世へと旅立つことができればと願っています。

あれ、さっきは、一人で何にも邪魔されずに死んでいきたい、なんて言っていたのに、矛盾しているではないか、と思った方もいるかもしれません。

私は、誰にも邪魔されずに、自分の全身で、「死という人生でもっとも聖なる瞬間」を味わいながら死んでいきたい、と願っています。

「死」という、「人生でもっとも大切な瞬間」を、病室でワイワイガヤガヤおしゃべりされて、邪魔されたくは絶対にありません。

しかし、その「人生でもっとも大切な、聖なる旅立ちの瞬間」にどんな体験をしているのかを、愛する誰かにコーマ・ワークによってわかってもらいながら、呼吸を一つにして、死の瞬間を迎えることができたら、どんなにいいだろう、と思います。

その瞬間、私は、人生ではじめて、心の底から「ひとりじゃない」と感じることができるのかもしれません。

第九章

「うつで苦しむのは仕方がない」と、あきらめる

「ただ、生きているだけで、それでいい」と思えたら、どんなにいいだろう

「うつ」で苦しんでいる方が増えています。

多くの企業や自治体でも、メンタルヘルスの問題への取り組みを始めています。

本書は、うつ病の治療法を示した本ではありませんから、以下の基本的な点だけを押さえるにとどめておきましょう。

・うつ病は、単なる落ち込みとは違うこと

・うつ病の多くは、「寝つきが悪い」「途中で目が覚める」「朝早く目が覚める」などの睡眠障害を伴っていて、特に朝方の、脳内血流が悪いこと

・うつ病は、気持ちの落ち込み以外に、腹部の違和感などの身体症状として表れることが多いこと

・うつ病は、早期発見、早期対応が重要で、はやめに受診し、適切な薬をもらって、じゅうぶんな休息を取れば、退職に追い込まれずにすむことも多いこと。逆に、医療機関での受診やカウンセリングを受けることが遅れると、症状が深刻化し、治るまでに

時間がかかってしまって、退職や休職に追い込まれることも少なくないこと

以上が、対応の基本的なポイントです。

欧米では、薬に頼らない「磁気刺激を脳の特定部位に与えることによるうつ病治療」がかなりの効果をあげており、数年後には、日本でも本格的に実施され始めるようです。また、うつ病の診断にも、問診のみに頼るのではなく、脳の画像診断をもちいた科学的な方法が使われるようになってきており、それによって、見分けの難しい、躁《そう》うつ病との識別も可能になると考えられています。

うつ病の基本知識は以上にとどめることにし、本書では、「自分の生き方」を考えていく上で「うつ」体験が持つ意味を考えていくことにしましょう。

私がカウンセリングをしてきたうつの方の何人かから聞いた印象深い言葉に、次の言葉があります。

「ただ、生きているだけで、それでいい」と心から思えたら、どんなにいいだろう。

たしか、作家の五木寛之さんだったでしょうか。どこかに次のようなことを書いておられました。

「人間、ただ、生きているだけで、それでいい。

人生の目標とは、生きること。ただ生き続けることだ」

この言葉を読んで、うつの方は、「あぁ、本当にそう思えたら、どんなに生きるのが楽になるだろうなぁ……」そう思って、ため息をつくのです。

ある中年男性は言います。

「私は、職場でも、家庭でも、もう必要とされていないんじゃないか。期待に応えることができないんじゃないか。

そんな自分に存在意義なんてないのではないか、とどうしても思ってしまう。

『ただ生きていれば、それでいい』と心から思うことができればどんなにいいかと思うし、私も、そう思えるようになりたいんです。

でも、それだけではだめなのではないか、と思ってしまいます。

からだも、それに反応しています。

特に、自分の左半身、心臓が半分停止しているような感覚があるんです。

これって、『からだが、生きることを拒否している』ってことじゃないかと思うんです。

左半身が、いつも痺《しび》れているっていうか……。

このままの状態で生きていくことを、からだが拒否していて、それが心臓の痛みや、左半身の麻痺という症状として表れていると思うんです」

うつの方は、まじめで、責任感が強く、自分を責める傾向が強い方が少なくありません。なので、なかなか「人間、ただ、生きているだけで、それでいい」とは思えません。だけど、そう思えたら、どんなにいいだろう。心からそう思えたら、本当に楽になれるのに……。そう思ってしまうのです。

「人間、ただ、生きているだけで、それでいい」

これは「無条件の自己受容」です。

現代カウンセリングの基礎を築いたカール・ロジャーズという人は、カウンセリングの基本は、「相手をただあるがまま、そのままに、無条件で、受け入れていくこと」だと言いました。

「人間、ただ、生きているだけで、それでいい」と思えるには、自分自身を無条件に受容できる必要があります。

うつの方の多くは、「こうじゃなきゃいけない」と、いつも「条件付き」の姿勢で自分自身とかかわっています。それで、自分自身を追いつめてしまうのです。

中高年の「うつ」が持つ深い意味

デイビッド・ローゼンというユング派の分析家は、サンフランシスコのゴールデンゲート・ブリッジから飛び降り自殺をしようとしていた人のカウンセリングを行なってきた方です。彼は、自殺企図を持つ、うつ病者に本当に必要なのは、「スーアサイド（suicide：自殺）」ではなく、「エゴサイド（egocide：自我の死）」である、と語っています。

これは、どのような意味でしょうか。

20代から30代半ば、人によっては40代半ばくらいまでの「人生の前半」の時期は、仕事でがんばって社会に認められ、結婚し子どもを育てるという「外側」に向かう活動が中心となる時期です。しかし、40代半ばくらいから、中高年になり、「人生の後半」に入っていくと、多くの人は、若いときのようにエネルギーを出して社会の要請に応えることができなくなり、うつ状態に陥ります。自分の内面を見つめ、生きる意味を問うていく、というたましいの作業に取り組んでいくことになるのです。それは、古い自分（自我）が死んで、新たな自分へ再生していくという「死と再生」の作業です。

ローゼンは、ゴールデンゲート・ブリッジから飛び降り自殺をしようとする人は、本当は、肉体の死（自殺）ではなく、「うつ」という体験に真剣に取り組むことによって、それまでの自分が死に、新たな自分へと再生する、という、「自我の死」を伴う内的変容体験をこそ必要としていたのだ、と言っているのです。

たしかに中高年になると、エネルギーに任せて突っ走ってきたそれまでの生き方が通用しなくなり、生き方の変容を余儀なくされます。「外」にエネルギーを向けていた生き方から、「内面」に向かって、生きる意味を紡ぎあげていく生き方へと、生き方を変えていく必要が生じます。

しかし、この生き方の変更、内面的自己変容は、それまでの自分（自我）にとっては文字通り「死」を意味する恐ろしい体験です。

岸原（2011）は、うつが一番つらいのは、うつになりながらも「こんなことはしていられない」「はやく元どおりに戻らなくては」と焦りながら、必死でふんばっているときだといいます。うつは、英語でdepressionと言いますが、この言葉には、de（下方へ）press（圧する）という意味があります。「うつ」のこの、下へ降りていこうとする力と、日常生活をそれまでやり過ごしていくために、自分の気持ちを何とかアップさせていこうとする二つの力が葛藤して、せめぎあい、出口のないトンネルの中で立ち往生していると きだといいます（「錬金術と心理療法の過程」『現代のエスプリ』No．528）。

無理もありません。「うつ」の体験の中に深く入っていくのは、誰でも、怖いものです。「自我の死」などと言うのは簡単ですが、「うつ」の中に深く入っていく、というのは、それまでの自分を捨てて、自分がどうなってしまうかわからない真っ暗闇の混沌の世界へと自ら入っていく、ということです。これが恐ろしくないわけはありません。

多くの人は、うつになっても、ちょっと考え方を前向きに変えたり（認知療法）、軽めの薬を飲んだりして治るものなら、そうしたい、と思うことでしょう。欧米で効果をあげている磁気療法が日本に入ってくるのなら、薬より副作用もなさそうだし、それでぜひ治したい、と思われる方も少なくないでしょう。

しかし、それでは、中高年の「うつ」体験の持つより深い意味（「人生の午後」に相応しい、新たな生き方の変容）が、脇に押しやられ、排除されてしまいます。「うつ病」という「病気の症状」には、投薬や磁気療法といった方法での対処が必要です。しかしながら、「中高年期のうつ体験」そのものには、「生き方の変容」の問題として取りくみ、その体験についての気づきを深めていくことがむしろ大きな意味を持つのです。

「うつ」を自分の一部として受け入れる

では、どうすればいいのでしょうか。

自分の内面に否応なく、やってくる「うつ」を自分にとって意味あることの一つとして、そのまま、受け入れること、「うつ」を受容することです。

「うつは、必要だからやってきた。この時期に、自分に『うつ』がやってきたことには、やはり意味がある。『うつ』を自分の一部として、受け入れて、それがどんな意味を持つ体験なのかを『明らかに見る』ことにしよう」という姿勢で、自分の「うつ」とかかわることが大切です。

もちろん、「うつ」な気分が急に襲ってきたときには、そんな余裕はないでしょう。

第五章で述べた「自分を責めてしまう気持ち」に対する姿勢と同じように、「うつ」な気分を、とりあえず自分から切り離して、脇に置いておく。とりあえず、自分から、切り離しておく、という工夫（スプリッティング）も必要でしょう。また、どんな小さなことでもいいので、「今、さしあたり、できること」、DVDを観るなど「何か、他のこと」をし続けて、「うつ」な気分から、意識を逸らす、という工夫も効果があります。

しかし、薬を飲んだりして、症状が治まってきて、少し余裕が出てきたら行なってみてほしいのが、「うつな気分」との「脱同一化」をはかる方法です。

「うつな気分」が生まれてきたら、「そうなんだね。わかったよ」とただそのまま、認めて、眺める。

「うつな気持ちを認めるなんて、できない」という気持ちがわいてきたら、その気持ちも、「そうなんだね。わかったよ」と、ただそのまま、認めて、眺める。

こうやって、「ただそのまま、認めて、眺める」のをただひたすらくり返していると、このような落ち込む気持ちと、それを眺めている自分とは別であること（脱同一化）、そして眺めている自分こそ自分であり、「うつな気分」は自分の一部にすぎないことがジワーッと自覚されてきます。その気持ちと自分自身とのあいだにおのずと「距離」が生まれてくるのです。

この「脱同一化」は、私の専門の人間性／トランスパーソナル心理学、特にフォーカシングの「クリアリング・ア・スペース」というアプローチで用いられる方法です。

そのエッセンスは「うつを克服する」のでなく、「うつを受容する」こと。「うつな気分」を認めて、それといっしょにいることです。

また似たような方法は、認知行動療法でも、ACTとか、アクセプタンス認知行動療法とか、マインドフルネス療法といった名称で行なわれています。

少し前の認知行動療法では、「考え方を前向きに変えたり、柔軟に変えたりする」ことによる「認知の変化」を目指していましたが、人によっては、「考え方を変える」のは、相当きつい方もいます。そのため「考え方（認知）」を変えるのではなく、自分の中に起きていることを、ただそのまま受け入れていく、という「受容（アクセプタンス）」の考えが、主になってきているのです。

「うつ」は人生を深く、味わいあるものへと導いてくれる

しかし、「うつを受け入れる」だけでは、「うつ」がその人に訪れた、ほんとうの意味に学び、生き方を深めていくことには、つながりません。

「うつ」の中に深く入っていくことで、人生そのものを深く味わいあるものに変えていくことができます。

そんなこと、本当にできるのか、と思う方もいるかもしれません。

できます。私のもとに相談に来られた方の中にも、そのような方がよくおられます。

ある方は、夫との関係で苦しんだことをきっかけに、うつ病のさまざまな症状が発症し、症状がほぼ固定化したまま8年ほど苦しみ続け、社会復帰がままならない30代後半の女性

でした。彼女は、投薬治療や症状除去志向の心理療法も受けてきたけれど、さほど改善されないばかりか、セラピストが提示してくる治療プログラムをうまくこなしていくことができない自分を「やっぱり私はだめだ」と嫌悪しはじめ、追いつめられていきました。あまりのつらさに現在、投薬以外の治療を中断しています。

この方は、私との面接で、ただ単に自分の抱えている症状や問題を受け入れ、それとともにいようと覚悟を決めただけではありません。そればかりか、自分の抱えている「症状や問題の世界」の内側へと、自分から入っていこうとされました。

私（カウンセラー）と彼女（クライアント）が座っている二つの椅子の間に、何だか「真っ暗で、深い穴」が空いているようだ、と彼女が言った場面を思い出します。

私（カウンセラー）「……うん……僕にも、なんだか、その真っ暗で、深い穴が、ここに見えるような感じがします。……もしよければ、しばらく、二人でいっしょに、ゆっくりと、その『穴』を覗いている時間を持ちませんか」

二人で身を乗り出し、二人の間にある「真っ暗で、深い穴」をしばらく沈黙して、じーっと見ていました。5分くらい経過したころだったでしょうか。彼女は、最初は「ただ真っ暗で何もない」と思っていた、その穴の底のあたりに、実は、「真っ黒な……大きな石……というか、岩のようなもの」が幾重にも重なっていて、その背後には「どろどろになって流れていく、どす黒い溶岩」のようなものが、あるように感じはじめました。そしてその、「真っ黒な石や岩」からは、白く輝く光や紫色に輝く光が発せられているように思えて、それをただじっと見ていると、何だか「自分の中の、深いところが妙に落ち着いてくる」のだと言います。

彼女は言います。

「私……夫から暴力を受けたこと……そしてそれをきっかけにうつ病になって、働けなくなって引きこもっていたこと……。このことに、今では、とても深く感謝しているんです。もちろん、前はいやでした。苦しいですから。うつ病は……。当たり前のことですけど、眠れなくなるし、何をするにも楽しいと思えなくなってしまうし。けれど、私、もしうつ病にならなかったら……こうして『たましいの世界』を学ぶことなんてなかった、と思うんです。うつ病が『たましいの世界』の学びに私を導いてくれたんだなぁって……。自分の中の『うつ』を見つめていて、その中に入っていくと……これまで自分がいたのとはまったく違った、すごく暗くて、けれども美しく輝いている、まったく違った世界にいることができるんです。うつが私を導いてくれたんです。この真っ暗闇で、けれど同時に眩《まばゆ》く光り輝いているこの世界に……。

うつにならなければ、この世界に導かれることもなかった――そう思うと、夫の暴力も、離婚も、うつ病の苦しみも、すべては小さなことに思えてくるんです。だって、本当に楽しいですもん。『たましいの世界』の学びは……。

もし、結婚も順調で、うつ病にもならなかったら、その代わりに『たましいの世界』を知らずに生きることになったんだなぁと思うと、むしろ、そのほうが恐ろしいことだと思います。

いやぁ、面白いですね、人生って……。不可思議っていうか。うつ病になって、ずっと苦しんできたからこそ、『たましいの世界』を知ることができたなんて……。ある意味、幸運のようにも思うんです。だって、うつになる以前とくらべても、今のほうが深いところでは、ずっと満たされている感じがあるんですから……」

この方は、夫との関係のトラブルや長期にわたるうつ病の症状が、自分を「たましいの世界」に導いてくれた「ガイド役」を果たしてくれたと感じています。

この事例の成否については、立場によって意見が分かれることでしょう。外側から見る限り、この方の問題や症状は明確には改善していませんし、社会生活にも復帰できていません。依然、無職で、ほぼ引きこもった生活のままです。

しかし、彼女自身は、この長期のうつ症状こそ自分を「たましいの世界」に導いてくれたもので、それによって自分の心が深いところで満たされていると感じています。むしろ、うつになったことに「感謝」すらしているのです。そして、うつ病の諸症状にも「以前ほど振り回されることはなくなり」、何よりも「たましいの世界に入っていくことで、日々、気づかされることが多くて……毎日が静かで深い喜びに満たされている」と感じています。外出の頻度も少しだけ増えたといいます。

「うつ」の中に入っていくワーク

ここで紹介した女性のケースのように、「うつ」は、その中に深く入っていくと、私たちの人生そのものを、自らの魂に触れるような深く、味わいのあるものへと変えていく機会になります。最初はただただ苦しかったのが、うつになったことで、心の深いところに触れながら日々を生きることが可能になった、という方は、決して少なくありません。

そこで、ここで「うつの中に入っていって、うつ体験を明らかに見て、その深い意味に気づきを得て、学んでいく」ワークを紹介しましょう。このワークは、現在通院中の方は決して一人では行なわないでください。また、健康な方でも、心身の調子のいいときにしか、行なわないでください。また、できれば一人ではなく、安心できるどなたかに傍にいてもらって、行なってください。プロセスワークという、内面探索の「秘儀」のような方法です。大きな学びにもなりますが、下手をすると火傷《やけど》するリスクのある方法であることを、最初に断っておきたいと思います。

ですので、途中、「これはちょっと怖いな」と思われたら、決して無理して続けずに、すぐに中断してください。

① まず、深呼吸を何度もくり返して、静かな気持ちを保ちましょう。そして自分の今の調子を確かめましょう。このワークはかなり、深く自分の内側へと入っていく、多少の危険を伴ったワークです。したがって、調子が悪いときにはやめるようにしましょう。また、ワークの途中でも中断して何かほかの気分のいいことに取り組みましょう。

② 気持ちが落ち込んだときのことを思い出してください。重い感じがするでしょうか。

うつな気分になると、どんな動作を自然ととりたくなるでしょうか。うつは、自然ととってしまう「動作」を入り口にすると、しばしばその体験に深く入っていくのが容易になります。たとえば、「うつな気分になると、自然と頭が下に下がり、頭がうなだれてくる」のでしたら、そこに意識を向けて、頭を下げたくなる、その「重い感じ」「重さ」に意識を向けましょう。

頭が重くて、もっと頭を下げたくなるように感じられる場合は、それに従って、頭を下げていってください。

③ その重さの感覚に従っていくと、意識はますます、自分の内側へと、深く深く、向かっていきます。自分の内側へと、深く降りていく「下降の道」です。

一日のうちに、ほんの少しの時間（たとえば5分）でも、じっと静かにしている時間を持つことができると、この「内面への下降の道」を歩むことができやすくなります。

④ 先の重さの感覚に従って、頭を深くうなだれたなら、どんどんそこに深く入っていきましょう。もし不安なら、傍にいる誰かに手を握ってもらいましょう。それが「この

世界とのつながり」を保ってくれます。そして安心して、体験の中に入っていきましょう。「うつ」が導いてくれる「深い、内面への旅」に入り、しばらく、そこにとどまっていましょう。その状態に浸りましょう。

⑤うつの体験に深く入ると、そこには、二つの部分があることが、わかります。うつになって「落ち込んでいる自分」と、自分を「落ち込ませる何か（力、人、ものなど）」です。多くの場合、うつで落ち込んでいるとき、私たちは、「自分」＝「落ち込んでいる自分」と思いがちで、自分の中に「落ち込ませる何か（力、人、ものなど）」があることは、すっかり忘れてしまいがちです。しかし自分の中の「落ち込ませる何か（力、人、ものなど）」には、強力なパワーが潜んでいます。

⑥落ち込んでいるときに自然ととりたくなるからだの姿勢、そこに働いている「自分を落ち込ませる力」に意識を向けましょう。そして、だんだんと、それに「なって」みましょう。

⑦可能であれば、誰か信頼できるパートナーに手伝ってもらって、相手の人に「落ち込ませられている自分」になってもらいましょう。そして自分はその人を「落ち込ませる力」になって、パートナーの方に自分が感じているのと同じ「落ち込み」を感じさせてみましょう（例：相手の人の首を持って、下へとゆっくりと引きずり下ろす）。

⑧「落ち込ませているもの」になって、その世界をじゅうぶんに味わいましょう。そこから何が見えてきますか。何が聞こえてきますか。

⑨「落ち込ませているもの」の世界から聞こえてくるメッセージを聞いていきましょう。自分の中の「落ち込ませられている部分」にもなって、「落ち込ませている力」からのメッセージをどう受け取るか、考えてみましょう。

（このワークは以下の参考資料をもとに私なりの工夫を加えたものです。

スティーブン・スクートボダー博士とともに「大いなる自由への解放：うつと社会的抑圧へのエクササイズ集」

２０１１年２月５、６日　於東京　プロセスワーク研究会）

私もやってみましたが、このワークは、かなり深い体験に導いてくれるものであることがわかりました。「うつな気分」が持つ意味やメッセージを、リアルな実感として受け止め、自分の生き方を深く見つめていくきっかけの一つとすることができるのです。

① まず、自分のからだの感じに意識を向けてみました。すると、「うつな気分」になるときに、私は、自分の脳の中心から後頭部、首のあたりにかけて「何か、重い、違和感」があることに気づきました。

② その「重い、違和感」を感じてそれに従っていると、頭を下にうなだれたくなってきました。どんどん頭を下げたくなってきたので、実際にそれに従って頭を下げていきます。すると、頭のてっぺんが、地面に向かって、まっすぐに落ちていくような姿勢になっていきました。これが自分の中の「落ち込ませられている自分」です。

③ 今度は、自分に、そのような動きをとらせている「落ち込ませている何かの力」に意

識を向けます。そしてその「自分を落ち込ませている何かの力」になってみます。自分をそのような姿勢にさせ、頭を垂直に垂れさせている「何か」に「なって」みるのです。

④　その「何か」に「なって」みると、薄暗い洞窟のようなところから、「全身でロープを使って、全体重をかけて、私の頭にぶら下がり、重い重い、重しになっている自分」に「なって」いることに気づきました。その「何か」は、ロープにぶら下がって「お前をどこにもいかせない！　お前をどこにもいかせない！　ずっとここにいるんだ！」と、自然とつぶやいているのです。私は、その薄暗い洞窟の中に、金色の大きな石があることに気づきました。そしてその金色の石に向かって、コツン！　コツン！　と文字を刻みたくなりましたので、実際に、その動作をとり、声に出しながらそれをやってみました。「お前の本来の仕事、本来の魂のミッションは、そうやって一人、暗闇の中で、『魂の文字』を刻んでいくことだ！」――そんな言葉が、どこからか、聞こえてきました。

⑤　その動きをとりながら、そこまで起きたことに多少驚いた私は、「それっていったい、どういうこと？」と、その「全体重をかけてぶら下がっている自分」にたずねてみました。

すると、「放っておくとお前は、あれこれ興味を持ちすぎて、一番大切なことをするのを忘れてしまうから……俺はそれを忘れさせないようにしているんだ！　お前のすべきことは、ここにある！　あれこれいくんじゃないぞ！」というメッセージが聞えてきました。

⑥　振り返ってみると、このワークをしたころの私は、雑事が多く、また、あれこれといろいろなことに興味を持ちすぎて、本来のテーマである「魂の次元」で生き、「魂のミッション」に目覚めて生きることに（またそれに人が気づいていくのを援助していく仕事に）、じゅうぶんな時間とエネルギーを注ぐことができなくなっていました。人々がみずからの「魂の深いところに潜んでいる、その人自身のミッション（魂のミッション）に目覚めていく」のを援助していく、という、自分のライフワークに、もっと集中して取り組むようにと、私の中の「うつ」＝「私を落ち込ませている何か」は語っていたのです。

いかがでしょう。「うつな気分」に体験として深く入っていくと、そこに、深い意味を持った気づきをもたらしてくれる力があることがおわかりいただけたと思います。

私たちは、ふつう、できるだけ「うつ」になったり、落ち込んだりしないように、元気を出してハイテンションで毎日をすごすように自分自身を励まし続けています。毎日の仕事をこなし生活をこなすためには、そうするしかないからです。しかし、これは心理学的に言えば「躁的防衛」と言って、見かけ上、ハイになり、元気にふるまうことで、「うつ」体験を脇に追いやってしまうことにつながります。一時的に気分を上向きにして、「うつ」体験の意味から目を逸らしていれば、毎日の生活はこなしていきやすくなるのですが、長い目で見ればそのことが、その人の生き方を根本的なところで変えていくのを遅らせてしまうのです。

「うつ」の体験にしばらく浸ることは、しばしば、私たちを、自分自身の本来の道へ、本来の生き方へ立ち戻らせてくれるきっかけを与えてくれます。「うつ」は、私たちに、自らの「魂のミッション」を、「自分がこの世界に生まれてきた意味」を、思い起こさせてくれるのです。

とりあえず、あと3年、生きてみる

うつを抱えた人は、しばしば「もう消えてしまおうかな」「これから何年も生きていくのは、重いな」と感じてしまいます。

そんな方に、私が申し上げたい言葉。

それは、

「あと、3年だけ、生きてみよう」

ということです。

10年、20年とは、言いません。

「とりあえず、あと3年だけは、とにかく生きてみる」

それからどうするかは、その後で考えればいい、のです。

私のまわりにも「生きているのがつらい」とおっしゃる方がたくさん、います。

そんな方に「とりあえず、あと3年だけ、生きてみましょう。あとは、その後、考えましょう」

そう言うと、「3年くらいだったら……」と気持ちが切り替わることが少なくありません。

「とりあえず、あと、3年」――もしよかったら、そんなふうに考えて、とりあえず3年、生きてみませんか。

3年経っても、事態は何も好転していないかもしれません。そのときどうするかは、「3年後の今日」に考えればいいのです。

第十章 「さわやかに、あきらめて生きる」ための「9つのライフ・レッスン」

時間は、想定どおりには流れていかない

これまで、さまざまな悩みや苦しみ、不安の背景にあるものを見てきました。

それは、「こうあればいいのに」「こうなるはずだ」という願望や思い込みです。

「私は、まだ何十年かは、生きているはずだ」

「もっとがんばれば、もっと努力すれば、仕事や勉強で『理想の自分』に近づいていくことができるはずだ」

「私がもっと自分磨きに成功すれば、思い描いているような恋愛や結婚をすることができるはずだ」

「私が親としてもっとがんばれば、子どもも、もっとよく勉強して、成長していくことができるはずだ」

「これまでたまたまいいご縁や出会いに恵まれなかっただけで、いつかはきっと、素敵な人と結ばれて、多くの人に支えられながら温かい死を迎えることができるはずだ」

そんな「きっといつか、こうなる」「こうあればいいのに」という「思い込み」や「願望」に支えられて、私たちは生きています。

こうした「思い込み」や「願望」なしで、現実をひたすら直視しながら生きていくことができるほど、私たち人間は、強い生き物ではありません。

私も、そうです。

現実ばかりを直視していたら、生きる気力を失ってしまいそうになることも、時折あります。

けれども、いわゆる「現実」がいかにはかなく、脆《もろ》いものであるかを、私たちは3・11の震災や、原発事故で痛いほど思い知らされました。

ましてや、首都直下型地震が4年以内に7割の確率で起きると予測されているのです。

もしかすると、私たちのいのちは明日、終わってしまうかもしれません。

いのちだけではありません。

首都圏が大きな被害を受ければ、日本経済は確実に破綻に追い込まれるでしょう。

私は経済の専門家でないのでわかりませんが、そうすると、私たちがコツコツと貯めてきた預貯金の実質的な価値も、突然、半分に、いや、10分の1になったりすることもありうるでしょう。

コツコツまじめにがんばれば、いつか必ず報われる、という社会が、いい社会であると私も思います。

しかし残念ながら今の日本社会は、それとはほど遠い社会です。「まじめにがんばっていれば、報われる」というのは、幻想でしかありません。そこにあるのは「時間は、想定どおりに流れていく」という「時間幻想」であり、「錯覚」です。

コツコツまじめにがんばっていれば、「いつか、きっと、いいことがあるはずだ」という思い込みは、「人生は、いつ、どんな想定外のことが、突然起こるか、わからない」というリアルな事実を「明らかに見ていない」(直視していない)から成り立つものなのです。

「過去の願望」や「未来への空想」に逃げ込まない

では、どうすればいいのでしょうか。

「こうなるはずだったのに」と、「過去に思い描いた願望」に逃避するのをやめることです。

「いつか、きっと、こうなるはず」という「未来に思い描く空想」に逃げるのをやめることです。

いつ、何が起きるか、わからない。そんな運命に翻弄されることしかできない、無力な人間にできること。それはただ、「今、この瞬間」を心を込めて生きること。ただそれだけだ、ということを胸に刻んで生きていくことです。

「私たちにできるのは、ただ、この瞬間を、心を込めて生きること」

このリアルな現実を「明らかに見る」と、さまざまなことに「あきらめ」がついていきます。さまざまな「思い込み」や「願望」「執着」を手放していくことができるのです。

「私は、明日死ぬかもしれない。今日一日、いのちが与えられていたことは、ありがたいことだ」

「『理想の自分』に近づけなくてもいい。『理想の自分』になれないからといって、自分がダメなわけではない。こうやって、あがいたり、もがいたりしていること自体に、大きな価値があるのだ」

「思い通りの恋愛や結婚なんて、できないのが普通だ。そもそも、そんな素晴らしい結婚や恋愛をしている人が、どれくらいいるものか。もしそんなことができている人がいたら、ものすごい幸運に恵まれているだけだ」

「親がいくらがんばっても、親の思い通りに、子どもが育つわけがない。親は親。子どもは子ども。子どもには、子ども自身が歩んでいくべき『道』がある」

「人間みな、ひとりで生まれ、ひとりで死んでいく。つまり、基本は、孤独死だ。そして、孤独死、無縁死をして、葬式をあげてもらえない人も、ごくふつうにいるものだ。たまたまいいご縁や出会いに恵まれて、支えられて死ぬのも悪くないけれど、誰にも看取られず、ひとりで死んでいくからといって、けっしてみじめなことなんかでは、ない」

そんな考え方ができるようになっていくはずです。

考えてみれば、これが「ごくふつうの考え」なのです。

「こうなるはずだったのに」というのは、「過去に抱いた願望」へのとらわれ。

「いつかきっとこうなるはず」というのは、「未来の空想」へのとらわれ。

そしてこれが、私たちの不安や焦りや自責や後悔を生む背景にある原因です。

こうした願望や空想への執着から自分を解放すれば、「ごくふつうの、当たり前のこと」を「当たり前のこと」と受け入れることができるようになっていきます。

そして「こうなるはずだったのに」と、これまでの自分を悔いたり、責めたりすることがなくなってきます。

「いつかきっとこうなるはずなのに」と、未来に描いた空想と現実の自分を比較して焦ることもなくなるでしょう。

「さわやかに、あきらめて生きる」ための9つのレッスン

私たち無力な人間にできることは、

「ただ、この一瞬一瞬を心を込めて生きること」

「いつ突然、人生の終わりが訪れても、思い残しがないように、日々を生きていくこと」

ただそれだけだ、ということ。

3・11の震災の後、私はこのことを何度も、何度も、自分の中で反芻《はんすう》してきました。

一日に一度は、「自分は、明日、死ぬかもしれない」「今日が、人生最後の日かもしれない」ということを思い起こし、胸に刻んで生きていくようにしました。

「ただ、この一瞬一瞬を心を込めて」生きていくことにしたのです。


そんな私にしっくり来たのは、すでに紹介した死の看取りの権威、エリザベス・キューブラー・ロスが、晩年にみずからの人生で学んだことを記した『ライフ・レッスン』という本の、次の一節です。

「朝おきて、シャワーをあび、せっかくきのうの汚れを洗い流したのに、きのうの感情だけはまだひきずっているという人が多いが、それはたんなる習慣にすぎない。もし現在という時間に意識をむけ、あるがままの人生をみつめることさえできれば、あたらしい自分になり、まっさらな新鮮な気分できょうという日をむかえることができる。現在という時間に生きていなければ、ほんとうの意味で自己とも他者とも出あうことができない。この瞬間に生きていなければ、幸福をみつけることもできない。過去につうじるドアを閉鎖する必要はないが、そのドアをあけておくのは、過去を参照して前進するために必要だからなのだ。げんに生きているこの瞬間、現在、いま。前進する場はそこである」

（『ライフ・レッスン』角川文庫　192〜193頁）

いかがでしょう。

あなたは、今・この瞬間を生きていると、自信を持って言えるでしょうか。

キューブラー・ロスの『ライフ・レッスン』を読んでいるうちに、私も、「いつ死ぬか、わからないのだったら、その前に、今回のこの体験から学んだ教訓」を文字にして、人に伝えておきたい、という思いが強くなってきました。

キューブラー・ロスが、晩年にみずからの人生で学んだことを『ライフ・レッスン』という本にまとめたように、です。その本が拙著『9つのライフ・レッスン　3・11で学んだ人生で一番大切なこと』（実務教育出版）です。

『9つのライフ・レッスン』は、「人生は、いつ突然、終わりが来るかもしれない」「私たち無力な人間にできることは、ただ、この一瞬一瞬を心を込めて生きること」という「当たり前のこと」を「当たり前のこと」として、「明らかに見ること」から生まれたものです。

それは、「こうなるはずだったのに」という「過去に抱いた願望」や「きっとこうなるはずなのに」という「未来に思い描いた空想」をあきらめて、日々の一瞬一瞬を大切に生きるための「レッスン」でもあります。

ライフ・レッスン①

「もし明日死んでしまうとしたら」と、日々自分に問いかけて生きていきなさい。「今日一日が人生最後の日」と思って日々を生きていくのです。

無力な存在である私たち人間にできる最大のことは、「日々、一瞬一瞬、心を込めて生きていくこと」、ただそれだけなのですから。

一日の最後に、5分でいいので、「自分は、今日という時間を大切に生きることができたかどうか」振り返る時間を持ちましょう。

ライフ・レッスン②

「いつかしたい」とずっと思っていたこと、「ずっとしたかったこと」は、先延ばしせず、今、しなさい。「そのうちやってみたい」と思っていたことがあれば、前倒ししてどんどん行なっていきなさい。

ライフ・レッスン③

(1)「本当にしたいかどうかわからないこと」は「しない」と決める――「Not To Doリスト」(「これはもうしない、と決めたことのリスト」)をつくって本当にしたいかどうかよくわからないことは「しない」習慣をつくりましょう。したいかしたくないか、自分でもよくわからないことは、「しない」と決めましょう。そんなことのための無駄な時間は、あなたには残されていないのかもしれないのですから。

（２）「本当に大切かどうかわからない人」とは、「関わらない」と決める——しがらんでいる人間関係を、思い切って、バッサリ整理してみましょう。しがらみのために使う無駄な時間もエネルギーも、あなたには残されていないのかもしれないのですから。

ライフ・レッスン④

あなたにとって大切な誰かに「いつか伝えたい」と思っていることがあったら、先延ばしするのはもうやめて、「今すぐ、伝えましょう」。その気持ちをその人に伝える機会は、二度とめぐってこなくなるのかもしれないのですから。

ライフ・レッスン⑤

人生でもっとも大切なものは、「時間」です。そして時間の中でもっとも大切なものは、「大切な人とのふれあいの時間」です。なぜならそれは、この機会を逸してしまったら、二度と戻ってこないものだからです。

大切なあの人と、いつ突然、別れが訪れても思い残しがないように、この一瞬一瞬を、心を込めて大切に過ごすようにしましょう（例：仕事の予定よりも先に、「大切な人と過ごす時間」を手帳に書き込んでしまいましょう）。

ライフ・レッスン⑥

自分の心と向き合う「一人の時間」を一日に5分でいいから、持ちましょう。「自分が本当にしたいことは何なのか」「自分の人生に与えられた使命（ミッション）は何なのか」「これをせずには、死ねない」と思うことは何なのか、自分の心に問いかける時間を持ちましょう。

すべての人間は、この世に生まれ落ちるときに、その魂に固有のミッション（使命）を刻まれて、生まれ出てきているのです。

ライフ・レッスン⑦

したくもない仕事のために「何よりも大切な時間」を使うのをやめにしましょう。たとえ、収入が下がっても、「日々、魂が満たされる仕事」をしていくことが、「悔いの残らない人生」を生きていくための、もっとも大切な知恵です。

ライフ・レッスン⑧

今、日本は、いつ経済破綻が起きてもおかしくない状態にあります。「日本はあと3年くらいで破綻するかもしれない」と多くの方が言っています。

いつハイパーインフレが起きて、これまで貯めてきたお金の価値がゼロになっても悔いが残らないように、無目的に貯蓄するのはやめて、「今、本当にしたいこと」のために、お金を大切に使っていきましょう。

ライフ・レッスン⑨

「これをしなくては、と思い立ったこと」があれば、2週間以内に必ず始めましょう。ほんの小さなことでもかまいません。2週間以内に何も始めない人は結局、いつまで経っても何もしない人、人生を変えることのできない人です。

第十一章

人生を9割あきらめても、残り1割をあえて本気で生きる

人生を9割あきらめざるをえなくなった男性

本書では、「あきらめること」が持つ積極的な意味を説いてきました。「あきらめることができる力」「あきらめる力」を持って、この厳しい世界を生き抜いていくことの意義について語ってきました。

しかし、こんなケースはどうなのでしょうか。

これまで、個々に論じてきた問題――「結婚できないかも」「モテないかも」「友だちがいないから、孤独死するかも」「年収低すぎかも」「正社員にはなれないかも」「これ、うつ病かも」「案外、短命かも」といった諸問題が連鎖してしまっているケースです。

たとえば、次のようなケースです。

37歳男性。都内一流私立大学卒です。しかし、この不況で昨年まで正社員だったのに突然リストラにあい、今年から非正規雇用になりました。年収も500万円から290万円に下がりました。デート代もまともに払えないことから、結婚するつもりで6年つきあってきた彼女からも捨てられてしまいました。

当面のあいだ、彼は、交際相手を見つけたり、年収アップが見込まれる職を手にする展望も持つことができずにいます。美容院に行くお金もなくなり、もともとルックスがよくない彼は、お金をかけて何とかオシャレにだけは気をつけていたのが、それもできなくなりました。本人もあきらめているせいか、その全身から、ダメダメな空気が発せられています。

彼は寝る前に「これから、俺の人生、どうなっちゃうんだろう」と毎日のように考えています。

「大学の同期の友だちには、一流企業で出世して、結婚して子どもも二人いて、私立に通わせ、一戸建ても建てているヤツも少なくないのに……。どうして俺はこんなにダメなんだろう」と、自分を責めたりもします。

結果、寝つきが悪くなり、朝、ボーッとしてしまいます。仕事の意欲も低下して、単純ミスが目立つようになります。「お前の代わりなんて、いくらでもいるんだからな」と、上司から辛辣《しんらつ》な言葉をあびせかけられることもあります。

プライドはズタズタになり、自尊感情は低下して、ますます気分が落ち込みます。「俺、もうだめかも。生きている価値ないかも」などと、一人、つぶやくことも増えています。

「まだ、人生、あきらめるわけにいかないんだけど……」と、一人つぶやきながら、涙することも増えました。

ずいぶん悲惨なケースだと思われるかもしれません。

しかし、決して、そんなことはありません。

私がカウンセリングをしていてしみじみ思うのは、「人生、いったん悪いことが起き始めたら、これでもか、というくらいに、次々と悪いことが続いていく」「人生、転落しはじめたら、こんなにもはやいのか！」ということです。

「この人の人生から、こんなに何でも奪っていくなんて、神様も辛辣だなぁ」と思うこともしばしばあります。

つまり、ここで紹介したケースも決して、稀なケースではありません。あなたの今の「ふつうの毎日」は、ほんのちょっとしたきっかけで、すぐに「転落人生」となっていくのです。

ポジティブな言葉は冷たい

さて、みなさんは、こうした方が友人にいたら、どう声をかけるでしょうか。

「あきらめずにがんばれば、きっと何とかなるよ」

「あきらめちゃだめ。前向きにいこう」

そんなポジティブ言葉をかけたくなる方もいるのではないでしょうか。

そんなあなたは、共感性が低く、冷たい方です。落ち込んでいる彼の傍にいるのがつらいし、自分もつられて落ち込むのがいやだから、前向きな言葉を発しているだけです。

人が誰かに「あきらめずにがんばれば、きっと何とかなるよ」と声をかけるとき、それは多くの場合、相手のためにではなく、自分のために発しているものです。自分が落ち込みたくないから、自分の都合のために、言っているだけです。

あなたがもしこの友人のために、あなたの時間を費やしてもいいと思うのであれば、どうするでしょうか。

もし私がこの人の友人であれば、となりにいて、自分自身もその場に漂っているちょっと重い空気に浸って、何時間でも、話を聴いてあげるでしょう。彼が沈黙したまま30分くらい泣き続けたとしたら、私も30分沈黙したまま、いっしょにいることでしょう。そして、ふとしたときに、「それはつらいな。現実は過酷だな……」とボソッと一言、つぶやくかもしれません。

そして、心の中では、自分がこれまであきらめてきた多くのこと、恋愛のこと、仕事のことなど、いろいろなことを思い浮かべていくことでしょう。「あきらめるのはつらかったけど、でも出会えてよかったよ。楽しかったよ。ありがとう」と一つひとつの思い出に感謝の言葉をかけながら……。決して、声には出さないけれど。

もしこの方が、クライアントとして、私のカウンセリングを受けに来られた方だったら、どうするでしょう。

基本は友人である場合とそうは変わらないでしょうが、彼が言う「まだ、人生、あきらめるわけにいかないんだけど……」という気持ちをサポートするようなつもりで、今の彼にもまだ「できること」をいっしょに探していくでしょう。美容院に行くお金がなくても、格安の整髪料で髪を整えるとか、量販店でそれなりの雰囲気のいいシャツを買うとか。デフレの日本では、それほどお金を使わなくても、容姿を整える方法はそれなりにあるはずです。「もう俺には、何もできない」という思いでいっぱいになっている彼に「まだ自分にもできる小さなことがある」ということに気づいてもらうためには、格安の整髪料の話くらいからはじめるのが、ちょうどいいでしょう。もし私の髪に寝癖がついたままだったら、それに気づいていても、それを直さず面接室に入るでしょう。少しでも同じ空気感を共有したいからです。

「もうだめかも」「何かも、だめだ」と通奏低音のように発される彼の「あきらめのつぶやき」に合わせて、その重苦しい空気の中でいっしょに漂っているでしょう。話を聴きながら、彼が沈黙したまま30分くらい泣き続けたならば、私も30分沈黙したままでいっしょにいるでしょう。ふとしたときに、「はぁ」と軽くため息をつくかもしれません。

技術として、やっているのではありません。この方に必要なのは、「あきらめの場」にいっしょにとどまっていてくれる人とのつながり、「安心してあきらめることができる場」だからです。

「もうだめかも」

「仕方ないもんな。どうしようもないもんな」

「ま、いっか。……な……」

「やれることは、限られてるもんな……」

そんな重苦しい雰囲気から逃げずに、いっしょにとどまってくれる人がいると、そこに漂っている「一人ではない」感覚が、ジワーッと彼を支えます。

そして、心の底から安心して、「ま、いっかぁ」「仕方ないかぁ」と思うことができるようになってきます。少しずつ「あきらめ」が進んでいくのです。

カウンセリングで重要なのは、カウンセラーが、この重苦しい「あきらめの時間」から逃げずに、そこにとどまることです。その重苦しい時間に自分も少しいっしょにとどまることです。

すると（あきらめられると）不思議なことに、少しだけ、エネルギーが戻ってきます。そして、次回お会いするときには、格安整髪料でバッチリ髪を決めた彼とお会いできるかもしれません。

念のために言っておくと、終了間際には、近くの腕のいい精神神経科のクリニックで、待ち時間も少なくてすむところを紹介して、睡眠導入剤や熟眠剤、つまり寝つきがよくなり、ぐっすり眠ることができる薬をもらうように助言します。まずは、眠って、脳が一定の状態に戻らないと、カウンセリングや心理療法はあまり役に立たないと私は思うからです。

厳しい不幸が連鎖する「縮小社会」

先にもお話ししたように、この37歳男性、一流大卒のケースは、決して実際にありえない話ではありません。

むしろ、カウンセリングの場では、よくあるケースです。

一流大学を出ているのに、彼がなぜ「時代の負け組」ともいうべき状態に陥ってしまったのでしょうか。

一時は、一流企業の正社員にもなった彼が、彼女から見放され、結婚できず、新しい彼女もできず、低収入で、将来への不安に脅《おび》えざるをえないのはなぜでしょうか。

彼自身に何か問題があったのでしょうか。彼の「自己責任」の問題でしょうか。

違います。

一部の人しか「いわゆる幸福」「いわゆる成功」を手に入れることができない、という日本の「縮小社会」化の必然的帰結です。彼がこうなってしまったきっかけは、勤務していた会社の業績が傾いたことです。そのことが引き金となって、人生全体が負の連鎖に引き込まれてしまいました。

彼の仕事の態度に特に問題があったのではありません。

「縮小社会」では、一定の人が、自分に何の原因がなくても、突然社会の「負け組」にふるい分けられます。「運の悪い」彼は、縮小社会の犠牲者にまさに運悪く選ばれてしまったのです。

そして、「縮小社会」ではいったん「運」が悪くなると、さまざまな「不運」が一挙に押し寄せ始めます。

・結婚できなくなる
・彼女ができなくなる
・正規社員になれなくなる
・収入が低くなる
・友だちと会いづらくなる
・人の目が気になり始める
・眠れなくなる
・うつになる

これらのことが、ただ「運が悪い」というだけで、人生で一挙に起こってくるのが、

「縮小社会」の恐ろしいところです。

次に「運の悪い人」に選ばれるのは、私かもしれないし、あなたかもしれません。そこで私は、この時代のなかで何があっても、ギリギリのところで踏みとどまっていくために必要な力として、「あきらめる力」を提案しているのです。

すべてをあきらめても、残るもの

では、この彼が、実際にすべての過酷な現実を受け入れ、あきらめていったとしましょう。

結婚するのをあきらめ、彼女をつくるのもあきらめ、正規社員になれる可能性が低いことを認め、低収入がしばらく続くであろうことも認め、引け目を感じる同期の友人とも会わないことに決め、精神神経科のクリニックに通い続けたとしましょう。

彼には、何が残るのでしょうか。

それまで「これがないと幸せにはなれない」と思っていたすべてのことをあきらめた彼に、ギリギリのところで、幸福を手に入れる術は残されているのでしょうか。

すべてをあきらめた彼が、「いわゆる世間並みの幸福」ではなくても、「自分だけの幸福」を手に入れることはできるのでしょうか。

そしてそのためには、彼はしばらく「うつとあきらめの世界」にどっぷりと浸って、自分自身の内面の変容に取り組まなくてはなりません。

もちろん、この自己変容は、ひとり「運」が悪かった彼にだけ求められるものではありません。「縮小社会」を生きる私たちすべてに求められる変容です。

自己変容の一部は、「心のものさし」を変える、ということです。

WHO（世界保健機関）の「健康」の定義は、「身体的健康」「社会的健康」「心理的健康」そして「スピリチュアルな健康」の4つの次元からなっています。

この「健康」の4つの次元は、それぞれ「幸福」の4つの次元と読み替えることもできるでしょう。つまり「幸福」には「身体的幸福」「社会的幸福」「心理的幸福」「スピリチュアルな幸福」の4つの次元があると考えることができるのです。

低収入になった先ほどの37歳男性は、それまで食べることができていた食事が食べられなくなるかもしれません。通っていたフィットネスジムの会費が払えなくなって運動不足になったり、料理も苦手なためにインスタントラーメンばかりの食事になってしまうかもしれません。結果、絶えず病気がちになって、「身体的次元」の幸福を手放さざるをえなくなります。

また、職場にも所属感を持つことができず、世の中で認められているという実感を得ることができなくなるかもしれません。「最近、どうしてるんだ？」と聞かれるのがつらくて、中学・高校の同窓会に顔を出すこともできません。年収の話など、一番聞かれたくない話です。彼女と別れたことにも触れられたくないので、結果、次第にかつての友人とも会わないようになります。ここで彼は、「社会的次元」の幸福を手放さざるをえなくなります。

さらには、そうしたことから、彼の自尊感情は低下し、うつ状態や不眠も長引くかもしれません。クリニックでもらった薬で多少は睡眠が改善されたとしても、です。「俺、もうだめかもな。生きている価値ないかも」という彼の否定的感情はしばらく続くかもしれません。ここで彼は、「心理的次元」の幸福も手放さざるをえなくなります。

人間性心理学（humanistic psychology）の開祖として著名なアブラハム・マズロー（1908〜1970）の「欲求の階層説」についてご存じの人もいるかしれません。

この図の下から見ていくと、人間には、いくつかの基本的な欲求、たとえば生理的欲求

マズローの「欲求の階層説」

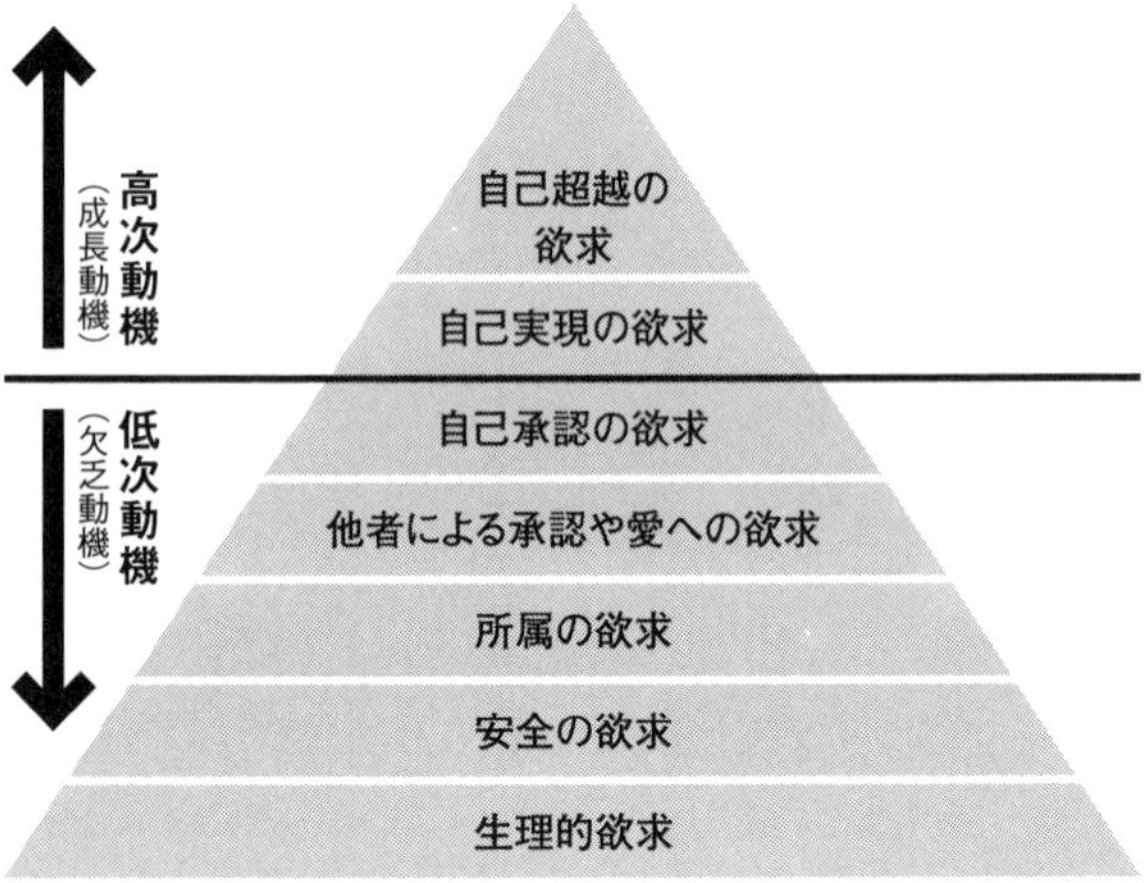

(睡眠をとったり食事をしたりする欲求)、安全の欲求(誰からも脅かされず、安心して生きていけるという欲求)、所属の欲求(ある集団に所属していたいという欲求)、承認の欲求(ほかの人から認められたいという欲求)、自己承認の欲求(自分でも自分自身のことを認められる欲求)といった基本的な欲求があります。これらは別名「欠乏欲求」とも呼ばれていて、それらが満たされなくては、先に進めなくなる欲求です。

先の37歳独身男性は、低収入や将来不安のために健康を害し、眠ろうと思ってもよく眠れず、結婚することも彼女をつくることもあきらめ、正規社員になれる可能性も低く、自尊感情が傷つき、引け目を感じるために同期の友人とも会わないことに決め、精神神経科のクリニックにも通い続けています。ですから、マズローの言う基本的欲求、すなわち、生理的欲求、安全の欲求、所属の欲求、承認の欲求、自己承認の欲求のいずれもじゅうぶんには満たすことができない状態になってしまっている、と言えるかもしれません。

そんな彼に、何が残っているのでしょうか。

「たましい」の次元に生きる

それは、スピリチュアルな次元の幸福、言葉を変えていえば、「たましいの次元で満たされて生きること」です。

人間は、すべての幸福をあきらめても、「たましい」という自分の心の一番奥にある、一番大切なものだけは手放さずにすむのです。

「たましい」の次元に根ざして生きる。これが、すべてを突然あきらめなくてはならなくなるかもしれない「縮小社会」に生きる私たちの、生きる指針となります。

というより、それしか残されていないのです。そして、それが人生で一番大切なものなのです。

「たましいの次元」で生きるとは何か。日々の表面的な事柄に左右されず、自分の心のもっとも深いところにしっかりと軸足を置いて生きることです。「自分のいのちが今、あることにはどんな意味があるのか」「自分のいのちにはどんな意味があり、どんなミッションが与えられているのか」「自分が、この時、この時代の、この国、この場所で生きていることには、どのような意味が、使命が与えられているのか。人生は、何を私に問いかけ、何を呼びかけてきているのか」と問いかけつつ、日々を生きることです。「世界からの呼びかけ」に呼応し、そのこだまとなって生きることです。

「自分は何をしたいのか。何を欲しているのか」という姿勢で生きるのではなく、

「自分はこの人生で、この世界で何を求められているのか」

「自分のたましいが、今・ここで果たすべきことは何か」

「自分がこの世に生まれてきたことには、どんな意味があるのか。自分のたましいにはどんな使命が刻まれていて、何をするためにこの世に降りてきたのか」

「何をしていれば、自分のたましいは、〝なすべきときに、なすべきところで、なすべきことをしている〟という深い充足感を得ることができるのか」

そんな姿勢で生きていくことです。

すべてに挫折しても、「生きる意味」を得ることはできる

「たましいの次元で生きる」とは、「スピリチュアリティの次元で生きる」とか、「意味の次元で生きる」と言い換えてもいいでしょう。

さて、ここで、こんな疑問を抱く方がいるかもしれません。

生理的欲求もろくに満たすことができず、身体的にも、心理的にも、社会的にもボロボロの状態になっているのに、その状態で果たして「たましいの次元」＝スピリチュアリティの次元においてのみ、満たされて生きることは可能なのか。マズローの欲求の階層説でもそうなっているように、まず、空腹を満たし、心身の健康を維持し、社会的にも多くの人に認められて（承認欲求を満たされて）はじめて、欲求の階層の一番上に位置する「自己実現の欲求」や「自己超越の欲求」も満たすことができるのではないか、と。

たしかに、マズローの欲求の階層説では、基本的欲求をまず生理的欲求、次に安全の欲求といったように下から順に欲求を満たしていってはじめて、上位の欲求に関心が向くようになると考えられています。つまり、「ご飯を食べたい」といった生理的欲求や、「安心できる生活環境ですごしたい」という安全の欲求、「家族を持ちたい」「会社に所属してい

たい」といった所属の欲求、「人から認められたい」といった下位の欲求が満たされていなくては、人間は、「自己実現」「自己超越」といった「たましい」「スピリチュアリティ」「生きる意味・使命」などにかかわる上位の欲求に向かうことはできないように、基本的な理論構成がなされているのです。

しかし、ここで重要な意味を持つのが、マズローと、名著『夜と霧』の著者として知られるビクトール・エミール・フランクルの間で交わされた次の議論です。

フランクルは、アウシュビッツ収容所など、ナチスの強制収容所に捕虜として捕らえられた経験を持つ医師であり、心理療法家です。

フランクルの眼差しは、およそ人間的なものをすべて奪われた収容所での悲惨な生活「にもかかわらず残された」、人間精神の崇高さに向けられました。

フランクルが収容所で見たもの、それは一言で言えば、「同じ状況に直面して、ある人間は、それこそ豚のようになったのに対して、ある人間は反対に聖者の如くになった」ということ、「収容所のバラックを通り、点呼場を横切り、こちらでは優しい言葉を、あちらでは一片のパンを与えていた人々」がいた、という驚嘆すべき事実です。

フランクルによれば、収容所内の囚人の間の関心事は、次の二つであったといいます。

一つはそのときどきの軍事情勢に関する混乱した情報、そしてもう一つは宗教的な関心です。とりわけ後者についてフランクルは、「想像以上に最も内面的なもの」であり、「われわれが遠い工事場から疲れ、飢え、凍え、びっしょり濡れたボロを着て、収容所に送り返されるときにのせられる暗い閉ざされた牛の運搬貨車の中や、また収容所のバラックの隅で体験することのできる一寸《ちょつと》した祈りや礼拝は最も印象的なものだった」と記しています。

そしてフランクルの観察によれば、このような精神的に高い生活をしていた人間には「恐ろしい周囲の世界から精神の自由と内的な豊かさへと逃れる道が開かれていた」ために、「収容所生活のかくも困難な、外的状況を苦痛ではあるにせよ彼等の精神生活にとってそれほど破壊的」なものとしては体験せずにすんでいました。そこには、「繊細な性質の人間がしばしば頑丈な身体の人々よりも、収容所生活をよりよく耐え得たというパラドックス」が存在していた、といいます（『ある心理学者の強制収容所体験』）。

こうした、収容所という極限状態における観察をもとにフランクルは、人間はたとえ空腹を満たし、心身の健康を維持し、社会的にも多くの人に認められるといった、さまざまな基本的欲求が満たされていなくとも、崇高なる精神を抱き続けることができるのではないかと考えるようになりました。マズローの理論で言えば、生理的欲求や安全の欲求といった下位の欲求が満たされていなくても、上位の欲求に向かい、「自己実現」し「自己超越」することができるのではないか、という疑問を持つようになり、これをある学術誌で直接マズローに突き付けたのです。

このフランクルの問いに、マズローはあっさりとイエス！　と答えます。

つまり、生理的欲求もろくに満たすことができず、身体的にも、心理的にも、社会的にもボロボロの状態にあったとしても、人は、みずからの「生きる意味・使命」を果たし、「たましいの次元」＝スピリチュアリティの次元で満たされた人生を生きることは可能だ、と言ったのです（マズローの図に即して言うと、食欲を満たす、社会的に認められるといった「低次動機」が満たされていなくとも、自己実現、自己超越という「高次動機」によって生きることができる、と言ったのです）。

平板化された世界にあっても「垂直性」を生きよ——たましいの次元の幸福

また、興味深いのは、別の著作でフランクルが、228ページのような図を示し、「人生の成功／失敗」という軸と、「人生の意味／絶望」という軸とは交差するような関係にある、と示していることです。

「実利的人間（働く人間）は、成功と失敗の両極間を移動するだけだ。しかし、ホモ・パティエンス（homo patiens）（引用者注・「苦悩する人間」）はこの相を超え、図の如く成功と失敗の直線に垂直に置かれる線上の、意味と絶望の極の間を移行するのである。……（中略）……人は絶望状態に直面させられた時、むしろ自分の人生を意味で満たそうとするようになると言うことができる」（高島博・長澤順治訳『現代人の病』丸善）。

私たちはつい、社会的に成功した人間は、生きがい（生きる意味）を得ることができやすいし、逆に社会的に挫折した人間は、生きがいを得ることも難しい、と考えがちです。もしそうならば、人口が急速に減っていく「縮小社会」日本では、社会的成功を手にすることができる人は、ごく少数に限られますから、生きがいを感じながら人生を送ることも困難であるということになってしまいます。

しかしフランクルは、社会的に失敗し、絶望した人間こそ、そこから生きる意味を求めていきはじめる、と言います。

これは希望の言葉だ、と私は思います。

「縮小社会・日本」においては、社会的な「成功」を収めることができる人は、減っていかざるをえないでしょう。

フランクルの人生の「水平軸（成功／失敗）」と「垂直軸（意味／絶望）」

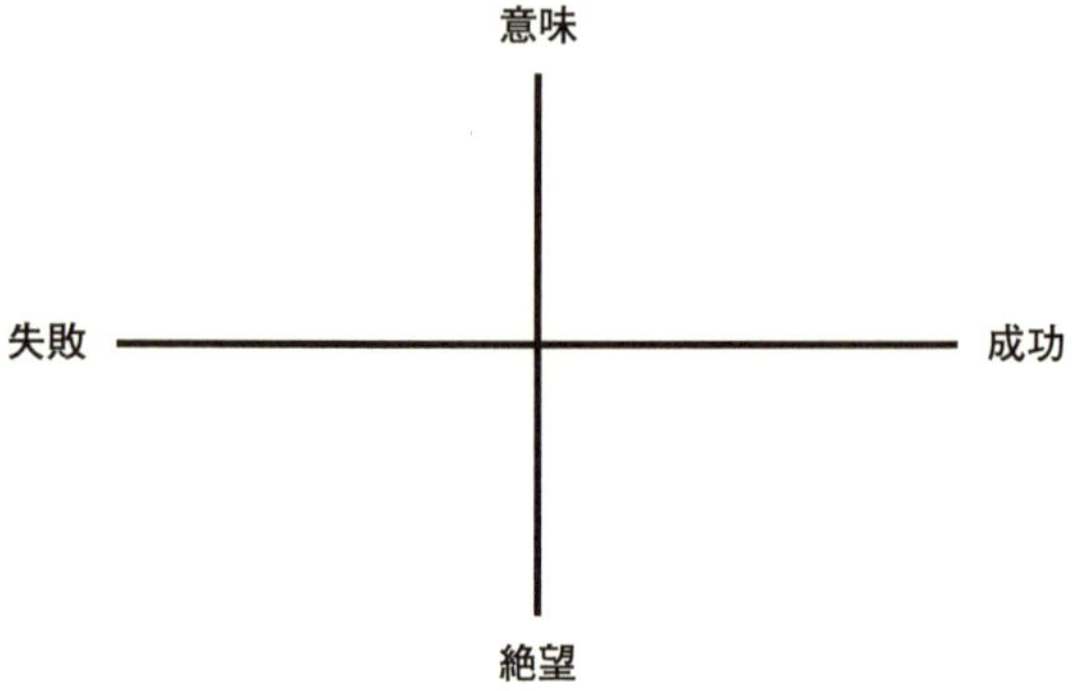

（V. E. フランクル著　高島博・長澤順治訳　1972
『現代人の病　心理療法と実存哲学』p36より）

物質的満足や、経済成長に左右される「成功／失敗」次元にだけ人生の尺度を置いて生きている限り（平板化＝フラットランド化された価値観しか持っていない限り）、多くの日本人の「人生の質（クオリティ・オブ・ライフ）」は低下していかざるをえないでしょう。

私たち日本人に今、求められているのは、「成功／失敗」次元から、「意味／絶望」次元へと人生の尺度をシフトさせることではないでしょうか。言い換えれば、平板化された世界の中で成功／失敗といった水平的な価値観のみで右往左往しながら生きるのではなく、「精神の気高さ」「崇高さ」「魂のミッション」「暗い闇の中に輝く光」「生きる意味」

「超越的絶対性」「内面の深み」といった「垂直性」を生きる、ということが、貧困化する社会にあっても、心の深いところ（魂）が満たされた生き方をしていくためには、不可欠なものとなっていくのではないでしょうか。

クオリティ・オブ・ライフは、物質的欲求の満足や、心身の健康、社会的承認によってのみ、決まるのではありません。もちろんそれらは、あるにこしたことがないのですが、心の奥底が満たされた人生を生きるためにマスト（必要不可欠）なものではありません。

より深い心の次元、たましいの次元で満たされて生きるために必要なのは、平板化された世界の中にあっても「垂直性」の次元を生きること、すなわち、「私は、この人生を生きるために生きてきたのだ」「私は、なすべきときに、なすべきところで、なすべきことをしている」という「生きる意味と使命の感覚」が満たされた生き方をしていくことです。

自分は、今、この人生を生きていて、共にいるべき人と共にいて、この人生で自分が行なうべきことを行なっている、という感覚を持つことができるとき――「私のことを必要としてくれる誰か」がいて、「私のことを必要としてくれる何か」があって、私は、その「何か」や「誰か」とつながることができている、という実感を持つことができるとき、

私たちは、どんなに貧しくて、いつも孤独でさみしくて、健康を害していても、心の深い

ところで、「生きる意味」の実感を、「たましいが満たされた感覚」を感じながら生きていくことができます。

今一度、自分自身に問うてみましょう。

「あなたは、この人生で、この世界から、何をすることを求められていますか」

「あなたのことを本当に必要としている人は誰ですか。その人は、どこにいますか」

「その誰かや何かのために、あなたにできることには、何があるでしょうか」

「縮小社会」日本に生きる私たちに今、求められているのは、成功、不成功に左右される「自我」次元の幸福から、より深い「たましい」の次元へと、幸福の尺度をシフトさせていくことなのです。

魂のミッション

「私たち一人ひとりの魂には、暗黙のミッションが刻印されている」「私たちがこの世に生まれてきたことの意味、今こうして生きていることの意味と使命が潜んでいる」――私はそう、思っています。

すべての人には、その人だけの「ミッション（使命）」が暗黙のうちに与えられている。

その「ミッション」を生き、現実化して使命を果たすために、人は、この世に生まれてきたのだ――そう思っているのです。

こういうと、何か、新手の宗教の「教え」のように感じられるかもしれません。

そうではありません。

私がここで言いたいのは、人が、心の深いところが満たされた人生を生きているときには、しばしばそのような「実感」を抱いて生きている、ということです。

私の専門であるカウンセリングの現場には、さまざまな悩みや苦しみを抱えた方が来られます。

人間関係のもつれや別離
結婚や恋愛の失敗
家族の不和
子どもの不登校や非行
リストラによる失業や減給
慢性の病やからだの症状
アルコールやタバコ・パチンコなどの依存症

うつ病が治らず、「死にたい（消えたい）衝動」がとまらない……

こうしたさまざまな悩みや苦しみを抱えた方のお話を、カウンセラーとしてうかがっています。

人はみな、さみしくて、孤独です。

たとえ、友だちや恋人や家族に囲まれていても、多くの人は、その心の奥底では、「ほんとうのことは、誰もわかってくれていない」と感じています。

私だって、そうです。「ほんとうのところは、誰にも、一人も、わかってもらえていない……」。そんなさみしさを絶えず抱えながら日々を生きています。

人生には幾度か、悩みや問題に、そして「誰にもわかってもらえない」というさみしさに、今にも押しつぶされそうになるときがあります。そしてそんなとき、私たちは心の深いところで、一人、つぶやくものです。

「誰か一人でいい、この苦しみを、ただそのまま、わかってほしい。この苦しみや痛みを、ただそのまま、いっしょに感じていてほしい」と。

カウンセリングが必要になるのは、そういうときだ、と思います。

「週に一回、同じ場所で、同じ時間に、同じカウンセラーが、待っていてくれる。自分のためだけに時間をとって、自分のためだけに、心とエネルギーのすべてを使って、私のつらさや痛みをいっしょに感じてくれる」

このことが心の支えとなって、つらすぎる毎日を何とかしのいでいけることがあります。カウンセラーが存在していることの意味は、そんなところにあるのでしょう。

そんな姿勢でその方のつらさや痛みをいっしょに感じようとお話をうかがっていると、相談に来られた方の多くが、こんなことを考え始めます。

「この問題」が、望んでいないにもかかわらず、自分の身に降りかかってきたのは、なぜなのか。

「この問題」が、ほかの誰でもない「この私」に、「人生のちょうどこの時」に起こったのは、なぜなのか。

それはいったい、「何のために」起きたことなのか、と。

そしてそうやって、これまでの人生を振り返っていると、こうした否定的な出来事であっても、やはり意味があり、必然性があって起きたことのように感じられ始めます。

人間関係のもつれ、家庭の崩壊、リストラ、慢性の病や症状など、その方がこれまで直面してきた人生のさまざまな問題に、いったいどのような「意味」があり「目的」があったのか、それまで潜んでいた「人生の物語」が浮かび上がり、紡ぎ出されてくることが、しばしばあるのです。

「あぁ、私は、このために生まれてきたのだ」

「こういった苦しい出来事が、次々と人生で起きていたのは、私の人生に、こういうテーマが与えられていて、私の魂に、こういう使命（ミッション）が与えられていたからだったのだ」

その瞬間、それまで隠れていたその人の「人生の見えないシナリオ」のようなものがフワーッと浮かび上がってくるのです。

ここで「魂のミッション」と私が言うとき、それはもちろん、「比喩」としてであり「パースペクティブ（視点）」としてのことです。

いろいろな問題に苦しんで相談に見えたクライアントの方が、それまでの苦しみに満ちた人生を「魂のミッション」という視点（パースペクティブ）から振り返ったとき、その方の「人生の意味」が、「物語」が、紡ぎ出されてくるのです。「あぁ、そういうことだったのか」と！

すると、たとえその方の抱えていた問題が解決されなくても、心の深いところが満たされてくることが、しばしば、あります。

ニーチェも言うように、人は、人生が問題に満ちているからではなく、自分がなぜ、その問題に苦しまなくてはならないのか、その「意味」が得られないことに苦しむ生き物だからです。

「人生の意味」や「物語」が紡がれてきて、それまで暗黙のうちに潜んでいたその人の「魂のミッション」「人生の見えないシナリオ」が浮かび上がってくる。

カウンセリングやワークショップの現場では、日々、そういうことが起きてきています。

人生を半ばあきらめつつ、あえて本気で生きる

本書では、「人生を、半分、あきらめて生きる生き方」を、これからの厳しい時代を生き抜いていく智慧として提案しました。

「自分は、もうすぐ死ぬかもしれない」とあきらめる。
「理想の自分にはなれない」とあきらめる。
「願い通りの結婚や恋愛はできない」とあきらめる。
「思い通りの子育てはできない」とあきらめる。

「自分は、孤独死するかもしれない」とあきらめる。

自分で書いておいて言うのも何ですが、なかなか手厳しい内容ですね。

これだけあきらめておいて、後に、いったい何が残るのか、と思われる方もいるかもしれません。

しかし、こうやって見ていくと、人生の大半は「どうしようもないこと」「なるようにしか、ならないこと」ばかりだということが、改めてよくわかってきます。

「いくら死にたくなくても、死ぬときは死ぬ」のです。

「いくら理想の自分になろうとがんばっても、なれないものは、なれない」のです。

「いくら願いどおりの結婚や恋愛をしたいと思っても、できないものは、できない」のです。

「いくら思い通りに子どもを育てようと思っても、子どもは、育つようにしか、育たない」のです。

「いくら、孤独死だけはいやだと思っても（私も思いますが）死ぬとき、ひとりだったら、あきらめるほかない」のです。

このように、人生の大半は、「いくらどうにかしたいと思っても、どうしようもないこと、あきらめなくてはならないこと」ばかりです。

それが人生の現実なのですから、仕方ありません。

あきらめるほかない、のです。

私だって「不死の肉体」が与えられて、死ななくてすむのなら、死にたくありません。

もっとハンサムな「理想の自分」になれるのなら、なりたいものです。

もっとモテまくって、思うがままに恋愛できるのであれば、そうしたかったものです。

出張も多いので、実際、死ぬときはひとりかもしれません（子どもだけは、予想以上にうまく育っていますが）。

すべて、ただ、あきらめるしかない、のです。

しかし、大切なのは、多くのことをあきらめた上で、「にもかかわらず、なおも、本気で生きていく」ことです。

たとえ人生の9割をあきらめざるをえなかったとしても、自分が大切にしたいものを本気で大切にして生きていくと、たましいの深いところが、満たされていきます。

もちろん、本気で生きることには、大きなリスクが伴います。

私のもとに相談に見えるクライアントの方の多くは、本気で生きています。

本気で生きているからこそ、絶望し、傷つき、病気にもなったのです。

以前に一度、ユング心理学の大家、河合隼雄先生に『現代のエスプリ』（No．435）という雑誌の座談会でお話をうかがったことがあります。

このとき、ちょっとした休憩時間にだったでしょうか。

河合先生はぽつりと、こんなことをおっしゃいました。


「諸富さん。クライアントの方は、本気でっせ。私たちカウンセラーも、ちいたぁ本気で生きなくては、とてもついていけませんよ」

「本気で生きれば、傷つかないわけにはいきません。しかし、傷つかずに変わろうなんて、そんな虫のいい話は、ありません」


なかなか厳しい言葉ですが、いずれの言葉にも、心から同意します。

私たちは、本気で仕事をするからこそ、失敗したり、周囲とぶつかったりして、大きく傷ついてしまうことがあります。

本気で恋をするからこそ、恋に破れたとき傷つき、「あの人でなくては、どうしてもだめなんだ」と悩み苦しむのです。

本気で夫婦をするからこそ、お互いに不満が募り、コミュニケーションができなくなって、悩み苦しむのです。

真摯《しんし》に自分自身と向き合い、真剣に生きていこうとするならば、悩みや苦しみ、痛みや傷つきは避けることができません。

もしも、仕事でも、恋愛でも、夫婦関係でも、適当なところで妥協して小賢《こざか》しく生きていくことができていれば、大きな痛みや傷を抱えることなく生きていくことができるでしょう。

しかし、それでは「何か」が、満たされないのです。

本気で生きなければ、「たましいの深いところ」は、決して満たされはしないからです。

エピローグ

日本人には、「あきらめずに、がんばる」ことをよしとする一般的な風潮が強くあります。本書では、これに逆らって、あえて「人生を半分、あきらめて生きる生き方」を提唱しました。

その理由は、主に、３つあります。

ひとつは、私自身を含め、**日本人の多くが、「がんばること」「あきらめないこと」は得意でも、じょうずに何かを「あきらめること」はたいへん苦手で、そのため人生で大切な何か（目標、仕事、結婚、恋愛、美貌など）をあきらめざるをえなくなると、あまりにつらく、苦しい日々を送るはめになる**からです。

日本人は、「努力する」「がんばる」「あきらめない」が大好きです。ある意味でこれらは至上の美徳とされています。簡単に「あきらめる」人は、ダメな人とみなされがちです。

逆に、どんなに苦難があっても「あきらめずに、がんばる」人は、立派な人として尊敬されがちです。学校でも家庭でも「あきらめずにがんばると、ほめられる」ことはあっても、「あきらめると、ほめられる」ことはまずありません。そのため私たちが「あきらめる」ことを学ぶことはほとんどなく、「あきらめ下手」になってしまいがちです。

その結果、「あきらめざるをえない」現実に直面したときの対処法、つまり「じょうずなあきらめ方」がわからずに、たいへんにつらく苦しい思いをします。

「あきらめること」は、大切な何か（人生の目標や、仕事や、家族や、恋愛相手や、若さなど）を失う喪失体験です。それは、たいへんに苦しく、多くの痛みや悲しみを伴う作業です。うまくあきらめきれずに、うつ病などの心の病を発症される方も少なくありません。

私自身もそうです。恋にしろ、仕事にしろ、心から望んだことを「あきらめる」のが苦手で、そうならざるをえない現実に直面したときの苦しみにしばしば悶々とし身を震わせました。もともと精神のエネルギーが小さい人なら、あきらめるのもそう困難なことではないでしょうが、私のように、精神エネルギーが強大で、根性もあり、成功体験が多くて「あきらめ慣れ」していない人間にとって「あきらめる」ことは、たいへんな難事です。

（一般的に言って、ものごとへの執着が強く、そのため人生の悩み苦しみが強烈な人は、精神エネルギーが強大であることが多いものです)。

特に、私の場合、20代の失恋の苦しみは強烈で、体重が一挙に30キロ減り、「もう人生は終わった」と死ぬことばかり考えていた日が続いたこともありました。私は、恋をすると、その人に(より正確には、その人を通してこの世に顕現した〈恋のイデア〉に)、たましいを奪い取られ、それが人生のすべてになってしまう「絶対恋愛体質」です。そのため恋をしているときは幸福の絶頂に上り詰めますが、失恋すると、苦悩は深く、現実を受け入れ、あきらめ、思いを断つのに何年もの時間を要します。「あの人はもう帰ってこない」という現実を直視し「あきらめる」ことがどれほど苦しいことか、「深く愛した人をあきらめ思いを断つくらいなら、いっそ、いのちを断とう」と思う人がいることも、私にはよく理解できます(理解はできますが、実際に死ぬほどの勇気もなかったため、私はこうして生きているのですが)。

本書で取り上げた他のさまざまな「あきらめ」の対象——人生の目標や仕事、地位、結婚、子育てなど——でも、事情は同じでしょう。

「自分のいのちと引き換えにしてもかまわないほど大切なもの」をあきらめるのですから、「死んでもかまわない」と思うほど苦しいのは、当然の成り行きです。ただその際、本当に必要なのは、自殺＝「肉体的な死」ではなく、精神的な死＝「うつ」を深く生きることです。しかしこれは、ある意味では、肉体的な死以上に、つらく苦しい作業です。

「あきらめる」ことは、生死にかかわる苦行なのです。

アルコール依存症の「断酒会」や、森田神経質に悩む人のセルフヘルプグループ「生活の発見会」でも、苦しみに苦しみぬいた末に、精神的な境位が突然高まり、深遠なスピリチュアリティとつながっていく人が、しばしばいるようです。これも、それが宗教的修行にも匹敵する「苦行」だからでしょう。

そして**そこで必要となるのが、同じ悩みでの苦しみを共有している「仲間との〈つながり〉」の存在です。**

本書で「半分あきらめる」生き方を提唱した2つ目の理由は、「あきらめない」**気持ちが強すぎるがために、目標に到達できない自分を否定し、焦り、自分を追い込み苦しんでいる「自己否定傾向の強い人」が、とても多いからです。**

私が、カウンセリングをしていても、もうすでにじゅうぶんにがんばってきたように見える方が、どこまでがんばっても「まだだめだ」「もっとがんばらなくては」「こんな私じゃだめだ」と自分を責め、自己否定感を募らせている人が、たいへんに多いのです。

努力家であること、理想が高いことはもちろん悪いことではありません。しかし、「がんばり教」「あきらめない教」の信者と言っていいほど、何のためにがんばっているかわからないほど、ただやみくもにがんばり、理想に至らずに苦しんでいる人とお会いして話をうかがっていると、「がんばること」「あきらめないこと」を大切にしすぎることの弊害も大きいことがわかってきます。

思いどおりの仕事ができないと、毎日不全感を抱えている。「自分の今の実力はこんなものか」「とりあえず、これでいいか」と思えない。

思いどおりの結婚ができないと、「私の努力が足りないんだ」「自分磨きが足りないんだ」と自分を責めてしまう。

子育てが思いどおりにいかないと、「どうして私はもっといい親になれないんだろう」「この子がこうなったのはすべて親である私の責任だ」と自分を責め、意欲を失ってしまう。

「〜できないのは、私のせい」と、いつも原因を自分に見出し、自分を責める癖がついてしまっている。

こうした方が、「じょうずにあきらめる」ことを学ぶ（あきらめじょうずになる）と、余計なとらわれや、自己否定の念から解放されて、もっと安心して、自分の好きなように、自由に生きていくことができるようになります。

自分の中の無用な「完全主義」や「思いどおりにいかないこと」からくる自責の念、自己否定感をやわらげることができます。また、「ふつう」から外れていくことへの不安から解放されて、「安心感のある人生」を送ることができるようになります。

人生は灰色です。

「真っ白」な、完璧な人生を求め続ける生き方は、未成熟な子どもの生き方です。

さらに言えば、「あきらめる」ことをよしとすることで、敗者復活戦への意欲が生まれてきます。うまくあきらめられて、安心感を得てはじめて、私たちは、では、もう一回がんばろう、という気持ちになってくるのです。

人間の心は不思議です。

「小さなあきらめ」をうまく重ねていくことで、より深いところでは「あきらめない生き方」が可能になるのです。

逆に、「あきらめ下手な人」は、いつまで経っても、「理想の人と結婚できない私はだめなのではないか」「こんな年収しか稼げない自分はだめなのではないか」と、自己否定感ばかり募らせていってしまいます。生きる意欲とエネルギーを減退させてしまうのです。

いつまでも「真っ白な理想の人生」「誰から見ても欠点のない人生」にこだわってしまうと、だんだんと精神エネルギーそのものが衰退していき、「もういいや」と、根本のところで投げやりになってしまいがちです。「理想」にこだわる完全主義の人がうつ病になってしまいやすいのも、「白か黒か」の極端に走ってしまい、いったん理想から外れると生きるエネルギー自体がそがれてしまいやすいからです。

「あきらめ上手な人」は、何度失敗しても自分にやり直しのチャンスを用意することのできる人です。何度でも敗者復活戦に挑める人。人生に、ほんとうに何もかも、あきらめなくてはならないときなどないということを知っている人。「自分の心に安全基地を持っている人」です。

ところで、本書で「半分あきらめる生き方」を提唱した3つ目の理由は、**日本社会を「安心してあきらめることのできる社会」「安心して、失敗することのできる社会」「敗者復活のルートが多様に、かつ、細やかに整備された社会」にしていきたいという思い**があるからです。

それは私なりの「小さくて、静かな革命」の試みです。まずは一人ひとりのうちに、自

他が「あきらめる」ことに寛容な心性を育《はぐく》んでいかないと、このような社会をつくっていくことはできないでしょう。

私たちが、「あきらめる」ことに不安や恐怖を覚えるのはなぜでしょうか。

それは、「あきらめたら、たいへんだ、という思い」「あきらめたら、どこまでも落伍していくような不安」がつきまとっているからではないでしょうか。

私が、それを一番強く感じるのは、カウンセリングをしていて、親御さんが「子どもが人並みの成績」をとることにたいへん強くこだわる様子を目《ま》の当たりにしたときです。また、子どもたちが「友だちから外される」ことに大きな不安を抱きビクビクしている様子を見たときです。

「人並みのふつうの仕事」「人並みのふつうの結婚」「人並みのふつうの子育て」にこだわって、そうできていない自分に自己否定感を募らせている人もたくさんいます。

日本人は「人並み教」、「ふつう教」の信者、と言ってもいい面があります。

安心して何かをあきらめることができ、安心して暮らすことのできる社会をつくっていくためには、私たちが**まず自分をこの「人並み教」、「ふつう教」から解放する必要**があります。言葉をかえれば、それは「自分の中の多様性を認めること」であり、「自分の中の異物、他者性を認めること」でもあります。

ところで、多くの人がこれほどまでにこだわる「ふつう」（典型水準）とは、何でしょうか。

たとえば、家族のかたち。周知のように、日本では、「結婚して、子どもが二人いる家族」が「典型的な家族」とみなされて、そこから外れると、税制面などさまざまな点で、損をする仕組みになっています。しかし、今や、単身者世帯が最大のマジョリティであり、「結婚して、子どもが二人いる家族」は、むしろマイノリティです。

これは、おかしい。社会の実態と、理念とが、ここまで乖離《かいり》している国も少ないでしょう。

みなが抱いている「ふつうから外れることへの不安」は、こうした社会システムとも関係しています。一般的な国民性と調和していない社会システムは持続不可能です。

まずは、自分を「ふつう」への呪縛から、解き放つことからはじめましょう。

「ふつう教」に由来する、おかしなところがこの国にはたくさんあります。たとえば、多くの人が「まだ結婚していない」と焦り、結婚していないことに負い目を抱くのは、「ふつう（標準）」から外れることに対する焦りがあるからでしょう。

あるビジネス誌の調査によると、日本の大企業の大企業の社員の多くは、周囲から浮くことを恐れて、「嫌われない社員」になることを何よりも重んじる傾向が強いようです。「他者より秀でる」ことよりも、人並みでいいから「空気」が読めて、誰からも嫌われない社員になろうとしているのです。「ふつう」から外れることへの不安が、多くのビジネスパーソンの活力を奪っていることは明白です。

そんな横並びの風潮があるからでしょう。イノベーティブな力を持った優秀な外国人が日本に定着するのはきわめて稀であるようです。

「ふつう」から外れることへの不安から、どう見ても離婚したほうがいいように見える夫婦が、経済的困難や「親権」を失う不安を一応の理由としてあげながら、離婚せずにい続けることも少なくありません。

成熟した社会とは、勢いで安心して結婚することができ、それが失敗だとわかればまた、勢いで安心して離婚することもできる社会です。そのためには、シングルマザーの収入の安定化、父親が養育費を支払い続けるシステムの整備、「共同親権」制度の導入などが急務でしょうが、それ以前に離婚に対する社会の眼差しをより寛容なものにしていく必要があります。

要するに、この国にはこうした「おかしな点」が多々あり、その「おかしな点」のせいで多くの人が生きづらくなっていたり、活力をそがれたりしていて、そしてその背景には「ふつう（標準）」から外れることに対する強い不安が存在しているのです。

今の日本社会は、そこで生きている多くの人が、自分は「ふつうから外れている」と自己否定感を募らさざるをえないという異様さを抱えた社会なのです。

「ふつう」であることをあきらめましょう。一人ひとりが自分のうちに抱いている「ふつう」の観念（イメージ）による束縛から自らを解放していくことが必要です。

汝、ありたいようにあるべし！

私たち一人ひとりが、多様な生き方を心から認めることができる自由さを手に入れたときはじめて、世の中の「空気」が変わっていきます。世の中の「空気」が変わると、それに伴ってはじめて、社会システムの変容も可能になっていくのです。

自分自身を〈ふつうであること〉への束縛から解放すること。それが、日本社会を「安心して、あきらめることのできる社会」「安心して、失敗することのできる社会」「敗者復活のルートが多様に、かつ、細やかに整備された社会」に変えていく「小さな革命」の、第一歩なのです。

最後に、お二人の方に、謝辞を。

つらいことや問題を、自分から切り離すこと（スプリッティング）は、一般に、臨床心理学の中では防衛機制の一つとして語られがちですが、スプリッティングを心理療法の中で意図的に行なっていくことの意義に気づかせていただいたのは、個人開業の心理療法家富士見ユキオさんによるところ大です。いつもながら、さすが！　ですね。

また、本書の中で、通奏低音のように登場した「ま、いっか」という言葉。

私が「ま、いっか」という「切ないあきらめの言葉」が大きく書かれたのを最初に目にしたのは、私と同じ明治大学文学部で心理学を教えておられる同業の先輩、高良聖《たからきよし》先生から、たしか、２００５年にいただいた年賀状においてでした。その年賀状には、何と、ただ一言、大きな文字で「ま、いっか」と、書かれていたのです。

あまりにインパクトがあり、ずっと気になっていました。最初は、仕事のことで何か私に怒りを感じたことがあり、それをこういう仕方で水に流そうとしてくださっているのだ、やはり一流の先生は違う、などと解釈していましたが、あれから7年経ち、２０１２年の正月になり……私もあと４ケ月で49歳、50の大台に待ったなしの年齢になりました。この賀状をいただいたときの先生と、同じくらいの年齢になったのでしょうか。

そしてようやく、「ま、いっか」という言葉のもつ深い効用に気づくことができるようになりました。スプリッティングです。

「ま、いっか」と一人、つぶやきながら、「小さなあきらめ」をうまく重ねていくことこそ、思いどおりにならないことばかりの人生をじょうずに生きしのいでいく極意であること、「ま、いっか」という言葉には、自分自身と周囲の人々を赦《ゆる》し、大きな安心感をもたらす力があることがようやくわかってきました。さすが！　集団精神療法の大家ですね。

もちろんここに書いたことも、私の妄想まじりの解釈です。先生のお考えと異なっていたらごめんなさい。でももしそうだとしたら、先生の言葉を妄想まじりに勝手に解釈した私の「誤読」による創造的なズレによって、本書が生まれたということなのでしょう。尊敬するイスラム哲学者井筒俊彦先生の言う「創造的誤読」です。

ま、何はともあれ、そんな可能性も含めて、最後に、やはりこの言葉で、本書を閉じることにします。

「ま、いっか」

●本書で紹介したさまざまな心理学の方法は、次の研究会で学ぶことができます。どなたでも参加可能です。私のホームページ http://morotomi.net/ で内容を御確認のうえ、お申し込みください。

〒101-0062
東京都千代田区神田駿河台1-1 明治大学14号館　諸富研究室内
「気づきと学びの心理学研究会事務局」
問い合わせ、申し込み先　E-mail : awareness@morotomi.net
FAX　03-6893-6701

著者略歴

諸富祥彦
もろとみよしひこ

一九六三年福岡県生まれ。一九九二年筑波大学大学院博士課程修了。
米国トランスパーソナル心理学研究所客員研究員、千葉大学教育学部講師、
助教授を経て、現在、明治大学文学部教授。教育学博士。
時代の精神(ニヒリズム)と闘うカウンセラー。日本トランスパーソナル学会会長。
日本カウンセリング学会理事、日本教育カウンセリング学会常任理事、
日本産業カウンセリング学会理事。
『生きていくことの意味』(PHP新書)、
『人生に意味はあるか』『〈むなしさ〉の心理学』(ともに講談社現代新書)、
『孤独であるためのレッスン』(NHKブックス)、
『「とりあえず、5年」の生き方』『9つのライフ・レッスン』(実務教育出版)
『はじめてのカウンセリング入門(上・下)』『カウンセラー、心理療法家
のためのスピリチュアル・カウンセリング入門(上・下)』(誠信書房)、
『自己成長の心理学』(コスモス・ライブラリー)など多くの著作がある。
ホームページhttp://morotomi.net/

幻冬舎新書 264

人生を半分あきらめて生きる

二〇一二年五月三十日　第一刷発行
二〇一二年八月二十五日　第九刷発行

著者　諸富祥彦

発行人　見城徹
編集人　志儀保博
発行所　株式会社　幻冬舎
〒一五一-〇〇五一　東京都渋谷区千駄ヶ谷四-九-七
電話　〇三-五四一一-六二一一(編集)
〇三-五四一一-六二二二(営業)
公式HP　https://www.gentosha.co.jp/
ブックデザイン　鈴木成一デザイン室
印刷・製本所　中央精版印刷株式会社

Printed in Japan　ISBN978-4-344-98265-9 C0295
も-8-1

*この本に関するご意見・ご感想は、左記アンケートフォームからお寄せください。
https://www.gentosha.co.jp/e/

幻冬舎新書

香山リカ
しがみつかない生き方
「ふつうの幸せ」を手に入れる10のルール

資本主義の曲がり角を経験し人々は平凡で穏やかに暮らせる「ふつうの幸せ」こそ最大の幸福だと気がついた。自慢しない。お金、恋愛、子どもにしがみつかない――新しい幸福のルールを精神科医が提案。

王貞治　岡田武史
人生で本当に大切なこと
壁にぶつかっている君たちへ

野球とサッカーで日本を代表する二人は困難をいかに乗り越えてきたのか。「成長のため怒りや悔しさを抑えるな」など、プレッシャーに打ち克ち、結果を残してきた裏に共通する信念を紹介。

日垣隆
折れそうな心の鍛え方

落ち込み度の自己診断法から、すぐ効くガス抜き法、日々の生活でできる心の筋トレ法まで。持ち前のアイディアとユーモア精神でウツを克服した著者が教える、しなやかな心を育てる50のノウハウ。

山﨑武也
人生は負けたほうが勝っている
格差社会をスマートに生きる処世術

弱みをさらす、騙される、尽くす、退く、逃がす……あなたはちゃんと、人に負けているか。豊富な事例をもとに説く、品よく勝ち組になるための負け方人生論。妬まれずにトクをしたい人必読！